教科指導法シリーズ

指導法

特別活動

北村文夫 編著

玉川大学出版部

まえがき

　今日、我が国においては、政治・経済界のみならず教育界のグローバル化が進み、いわゆる「知識基盤社会」(knowledge-based society) を生き抜くため不易な部分を重視しつつも絶え間ない変化に対応することが求められている。また、社会的に意義のある新たな価値を創造し、社会に大きな変化をもたらすような幅広い変革が期待されている。

　2008（平成20）年3月、文部科学省は幼稚園及び小・中学校の学習指導要領を告示した。これに伴って小学校では平成23年度、中学校は24年度から新しい教育課程として実施されることになり、すでに21年度からは「移行措置」期間に入っている。なお、高等学校では、25年度から学年進行で実施される。今回の学習指導要領は、60年ぶりに改正された教育基本法や学校教育法等を受け、またOECD（PISA）等の国際的な動向を踏まえて改訂されたものである。新学習指導要領では、基本的な理念を「生きる力（Zest for living）」として、基礎的・基本的な知識及び技能の習得とともにこれらを活用して課題を解決するために必要な思考力や判断力、表現力などをはぐくむことや言語活動の充実などが明記されている（参考：学校教育法第30条2項）。

　学校・教師は、これらのことを踏まえ、学習指導要領の教育内容の改善（重要事項）として示された言語活動や理数教育の充実、道徳教育や体験活動の充実を図ることが重要である。とりわけ、体験活動に関しては、その意義と現状についてかつて児童生徒（以下「子ども」という）は、家庭や地域において大人とのかかわりや異年齢の子どもたちとの遊びやスポーツなどを通じて他を思いやる心や規範意識などを体験的に学んできた。しかしながら、近年、都市化や少子化、地域社会における人間関係の希薄化等が進む中で子どもたちの豊かな成長に欠かせない他者や社会とのかかわり、「キャンプをすること」や「昆虫をつかまえること」などの直接体験の機会が乏しい実態や問題点などが指摘されている（参考：平成17年度「青少年の自然体験活動等に関する実態報告」）。

　また、少子高齢社会の到来や産業・経済の構造的変化、雇用形態の多様化・流動化などを背景として、将来の不透明さがいっそう増幅している。例えば、進路・生き方を巡る環境は大きく変化しており、フリーターや「ニート」問題などが極めて深刻な社会問題となっている。このような状況・課題を踏まえ、今回、活動の改善が図られたのである。

新しい学習指導要領・特別活動の主な改善点は次のようである。
○望ましい集団活動や体験的な活動を通して、豊かな学校生活を築くとともに、公共の精神を養い、社会性の育成を図るという特別活動の特質を踏まえて、特によりよい人間関係を築く力、社会に参画する態度や自治的能力の育成を重視する。
○特別活動の各内容のねらいと意義を明確にするため、各内容にかかわる活動を通して育てたい態度や能力を、特別活動の全体目標を受けて各内容の目標として示す。
○子どもの自主的、自発的な活動をいっそう重視するとともに、子どもの実態に適切に対応するため、発達や学年の段階や課題に即した内容を示すなどして、重点的な指導ができるようにする。
○自分に自信がもてず、人間関係に不安を感じたり、好ましい人間関係を築けず社会性の育成が不十分であったりする状況が見られたりすることから、それらにかかわる力を実践を通して高めるための体験活動や生活を改善する話し合い活動、多様な異年齢の子どもたちからなる集団による活動をいっそう重視する。
　上記のような点から改善された特別活動の各活動・学校行事を通して具体的には次のような資質・能力の育成が期待できる。
・自己実現を目指す"個人的資質"に加えて、仲間とともに協力し助け合って生きていく"社会的資質"を身に付けることができる。
・児童生徒が実際に直面している諸問題への対応や解決の仕方を集団場面を通じて実践的・体験的に学ぶことができる。
・各種学校行事などを通して集団や社会の一員（人間としての生き方）の自覚を深め、自己を生かす能力を身に付けることができる。

　本書は、これからの時代に求められる"実践的指導力"を習得するために書かれている。小・中学校及び高等学校の教師を目指す皆さんに役立つことを願ってやまない。

著者ら　記す

目次

　　　　まえがき …………………………………………………………………… 3

I　特別活動の理論と方法
第1章　特別活動とは何か
　　第1節　学校教育と特別活動 ……………………………………………… 9
　　第2節　特別活動の教育的意義 …………………………………………… 14
　　第3節　特別活動の理解を深めるための主要語句 …………………… 16

第2章　教育課程と特別活動
　　第1節　特別活動の目標 …………………………………………………… 30
　　第2節　改善の背景と基本方針 …………………………………………… 32
　　第3節　特別活動の性格・方法原理と意義 …………………………… 34
　　第4節　特別活動の内容 …………………………………………………… 39
　　第5節　特別活動の変遷 …………………………………………………… 43
　　第6節　諸外国の教科外活動 ……………………………………………… 45

第3章　各活動・学校行事の目標と内容
　　第1節　学級（ホームルーム）活動 …………………………………… 53
　　第2節　児童会・生徒会活動 ……………………………………………… 61
　　第3節　クラブ活動（小学校）・部活動（中・高校） ……………… 64
　　第4節　学校行事 …………………………………………………………… 75

第4章　特別活動の指導
　　第1節　各活動及び学校行事の目標・内容と内容相互の関連 …… 84
　　第2節　特別活動と各教科、道徳、総合的な学習等との関連 …… 86

第3節　人間（対人）関係形成能力と特別活動 ………………………… 96
　　第4節　社会性の育成と特別活動 ……………………………………… 103

II　特別活動の実践
第5章　特別活動の全体計画と各活動・学校行事の指導計画
　　第1節　特別活動の全体計画と指導計画 ……………………………… 111
　　第2節　小学校の全体計画作成の配慮事項 …………………………… 115
　　第3節　小学校の年間計画作成の配慮事項 …………………………… 120
　　第4節　中学校の指導計画と配慮事項 ………………………………… 134
　　第5節　高等学校の指導計画と配慮事項 ……………………………… 143

第6章　特別活動の実践
　　第1節　学級（ホームルーム）活動のねらいと特質 ………………… 145
　　第2節　児童会・生徒会活動のねらいと特質 ………………………… 159
　　第3節　異年齢集団の意義と実践 ……………………………………… 164
　　第4節　部活動の実践 …………………………………………………… 172
　　第5節　学校行事の実践 ………………………………………………… 175

第7章　特別活動における学校安全と危機管理
　　第1節　学校における安全・安心の確保と危機管理 ………………… 178
　　第2節　特別活動における安全教育と危機管理 ……………………… 186
　　第3節　危機に強い学校づくり ………………………………………… 196

第8章　特別活動における評価
　　第1節　評価の機能と特別活動 ………………………………………… 198
　　第2節　特別活動の評価の特質と方法 ………………………………… 203
　　第3節　指導と評価の実際 ……………………………………………… 208

　　執筆分担 ………………………………………………………………… 219

I 特別活動の理論と方法

——特別活動とは何か、教育課程と特別活動、目標と内容、指導——

第1章
特別活動とは何か

　特別活動（Special School Activities）とは何か。学校教育の中でどのように位置付けられているか、またどんな役割があるのであろうか。
　今日、我が国の小・中学校及び高等学校などにおける教育課程（カリキュラム）は、法令等に基づいて教科、道徳（高校を除く）、総合的な学習の時間、そして特別活動の各領域から構成されている。それでは、なぜ特別活動が教育課程に位置付けられているのか。それは、端的に言えば、特別活動が変化の激しい時代を逞しく生きる児童生徒に欠かせない資質・能力、つまり「生きる力」の育成に極めて重要な役割を果たすからである。本章では、特別活動とは何か、学校教育と特別活動の関係、人間形成に果たす特別活動の役割・教育的意義などについて学習する。

第1節　学校教育と特別活動

1．教育課程に位置付けられた教育活動である

　学校は、教育基本法や学校教育法等に明記されている教育の目標を踏まえて意図的・計画的に教育活動を行う機関であり、その教育活動は各学校の教育課程に基づいて実施される。今日、我が国の小・中学校及び高等学校などの教育課程（カリキュラム）は、学校教育法施行規則（50条、平成20年3月、文部科学省令第五号）に基づいて各教科、道徳、総合的な学習の時間、特別活動の各領域から構成されている。
　「学校教育法施行規則」50条には、「小学校の教育課程は、国語、社会、算数、理科、生活、音楽、図画工作、家庭及び体育の各教科、道徳、外国語活動、総合的な学習の時間並びに特別活動によって編成するものとする」と明記されている。中学校では第72条に、高等学校では、第83条に「高等学校の教育課程は、別表第三に定める各教科に属する科目、特別活動及び総合的な学習の時間によって編成するものとする」とあり、同84条「高等学校の教育課程については、この章に定めるもののほか、教育課程の基準として文部科学大臣が別に公示する高等学校学習指導要領によるものとする」とある。このことは、小学校及び中学校において

第1章

も同様であり、特別支援教育についても基本的には同じある（学校教育法施行規則138条）。

そして、小・中学校及び高等学校の学習指導要領・第1章「総則」において「各学校においては、教育基本法及び学校教育法その他の法令並びにこの章以下に示すところに従い、児童生徒の人間として調和のとれた育成を目指し、地域や学校の実態及び児童生徒の心身の発達の段階や特性等を十分考慮して、適切な教育課程を編成するものとし、これらに掲げる目標を達成するよう教育を行うものとする」と示されている。

つまり、各学校で実施される特別活動は、各教科等と同様に教育課程に位置付けられる重要な教育活動なのである。

ところで、教育課程の中でもいわゆる教科書を用いて学習活動が展開される国語や算数（数学）、社会（地歴、公民）、理科などの教科は、児童生徒にとっては学習の内容が明確であり、他の教科との違いも分かりやすい。一方、教科書のない道徳（副読本はある）や総合的な学習の時間、あるいは特別活動といった学習の時間（授業）は、学習指導要領に示されている目標や内容は全国共通ではあるものの各指導時間において取り上げる具体的な内容や方法、指導形態は、各学校の実態や教師の指導観、教材観により多様である。そのため、児童生徒にとっては、その時間がいったい何の授業（学習時間）だったのか、深く意識することなく学んでいたことが多かったのではなかろうか。一般社会人になってからも、特別活動や総合的な学習の時間などが国語や社会、理科などと同等に人間形成に重要な教育活動であることに気付かず、時にはその名称すら忘れている者もいよう。しかし卒業後、学校生活を振り返って心に残っていることや印象深かったことについて聞いてみると、運動会（体育祭）やクラブ（部）活動、修学旅行、文化祭（合唱コンクール）、あるいは児童会・生徒会活動（各種委員会活動）、卒業式などを挙げる人が多く、特別活動に関する内容が圧倒的に多いのもまた事実である。

つまり、児童生徒はそれに気付かないままに、特別活動の時間を楽しみ、充実感をもって学習していたといえよう。学校・教師は、このような実態を踏まえ、特別活動が教育課程に位置付けられた正規の授業であり、児童生徒の学校生活において重要な位置を占めていることをまずもって確認しておくことが重要である。

表1　小学校・教育課程（カリキュラム）の編成

各教科（国語、社会、算数、理科、……）	道徳	外国語活動	総合的な学習の時間	特別活動
〈目標〉各教科の目標	学校の教育活動全体を通じて、道徳的な心情、判断力、実践意欲と態度などの道徳性を養うこととする。道徳の時間においては、……自己の生き方についての考えを深め、道徳的実践力を育成するものとする。	外国語を通じて、言語や文化について体験的に理解を深め、……コミュニケーション能力の素地を養う。	横断的・総合的な学習や探求的な学習を通して、自ら課題を見付け、……自己の生き方を考えることができるようにする。	望ましい集団活動を通して、心身の調和のとれた発達と個性の伸長を図り、……人間関係を築こうとする自主的、実践的な態度を育てるとともに、自己の生き方についての考えを深め、自己を生かす能力を養う。
各教科の内容	①主として自分自身に関すること、他②〜④	コミュニケーションを図る楽しさの体験、他	各学校で設定。(例)国際理解、情報、福祉・健康、環境	・学級活動 ・クラブ活動 ・児童会活動 ・学校行事
③授業時数　各教科別配当時数	1〜6年生（週1コマ、年間時数35時間、1年生は34時間）	5、6年生（週1コマ、年間時数35時間）	3年生以上（週2コマ、年間時数70時間）	学級活動（1〜6週1コマ、年間35時間・1年生は34）クラブ活動等は適切な扱い

（「学校教育法施行規則」50条）

2. 集団活動を特質とする教育活動である

「群れ」と「集団」は、どこが違うか。"群れ"になくて、"集団"にあるものは何か。それは主として次の3点である。①目標があること、②ルールがあること、③組織があることである。

特別活動でいう"集団"とは、単なる遊び仲間や仲良しグループのことではない。集団には目標があり、その目標を達成するための方法や手段（ルール）について集団の全員がそれぞれ自分なりに考え、共通の目標の実現を目指して協力しながら取り組んでいく組織のことである。

そこでは、集団の成員（組織の一員）が相互に協力するとともに一人一人の個性を発揮し合いながら、その目標の達成を目指すのである。一般に各教科や道徳の時間では、学級を基礎単位として授業を展開する。特別活動では、学級集団の他に班活動などの小集団の活動、また学級や

学年の枠を超えたより大きな集団に属しながら活動すること（学校行事など）がある。つまり、児童生徒は仲間とともに当番活動や係活動、班活動、学級（ホームルーム）活動、各種委員会活動、児童会・生徒会活動、さらに各種学校行事など、学校生活における多様な集団に属して活動しているのである。そのことにより、人間関係（コミュニケーション力）が拡充され、生活経験も豊かになる。例えば、自分以外の他者とともに活動に参加・参画することを通して、好ましい人間関係を形成するために必要な能力や態度を身に付ける。また、集団の一員として所属集団の充実発展に努めるようになり、社会の一員としての自覚と責任感をもつようになる。さらに、人間としての生き方を思考し、自己を生かす能力や態度などを身に付けることができる。すなわち、特別活動は児童生徒が、多くの仲間たちとかかわり合いながらさまざまな集団活動を通して学ぶ教育活動なのである。このような集団活動を通して、児童生徒はともに生きていく態度や自己責任の自覚、自律・自制の心など豊かな人間性や社会性を身に付けることができる。特別活動には他の教育活動とは異なる「集団活動を特質とする活動」という役割があるのである。

3.「なすことによって学ぶ」教育活動である

　特別活動は、集団活動であるとともに実践的な活動でもある。つまり、集団による実践的な活動（「なすことによって学ぶ」を方法原理とする）を特質としているのである。ここでいう「実践的な活動」とは、児童生徒が学級や学校生活の充実・向上を目指して、自分たちの力で諸問題の解決に向けて具体的な活動を実践することを意味している。

　生活・体験重視の教育ということについては、ジョン・デューイの教育論に多く見られる。例えば、「教育上われわれが確信できることは、……科学そのものが生徒たちの生活において目的となるように科学を教えなければならないということ。……生活経験にそれ独自の本質的な寄与をするからこそ価値あるものとなるように、教えなければならないということである」（ジョン・デューイ『民主主義と教育』）。

　「経験カリキュラム」（経験主義）は、学習者の興味・問題から出発するので学習活動が活発で効果的である。また、生活の場に密接に結びついており、自主的学習が民主的価値を発展させるなどの特徴がある。

　我が国の特別活動は、明治期以降、幾多の変遷を経て今日に至っているが、学級や学校の生活において集団によるさまざまな生活経験や体験

活動を通して体験的に学ぶ教育活動であることは一貫している。具体的、実践的な活動を中心として一人一人の児童生徒の心身の調和のとれた発達（全人的発達）や個性の伸長、社会性の育成などを目指している。

　すなわち、教科書やノートを用いた机上でのいわゆる「座学」とは異なり「なすことによって学ぶ（Learning by doing）」（デューイ）を方法原理とする体験的、実践的な活動を行う学習活動なのである。

　実際の生活体験を通して、教師と児童生徒及び児童生徒相互の直接的な触れ合いが緊密になり、児童生徒は楽しく明るい学級生活や学校生活を実感し、さらに物の見方や考え方、感じ方を豊かに発達させることができる。例えば、自分の所属する学級や学年、生活班、児童・生徒会（各種委員会）などさまざまな集団による話し合い活動、討論、発表、生活体験、さらに社会体験などの具体的、体験的な活動を行う。それらの諸活動を通して、特別活動の目標の実現を図ることができるのである。

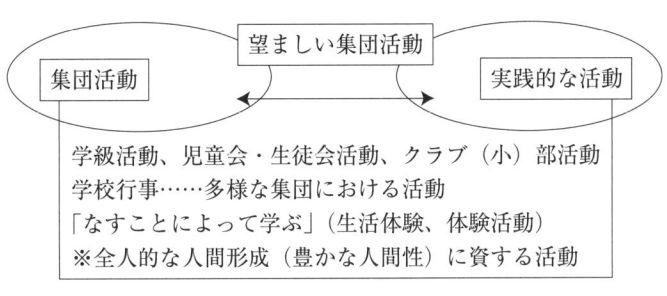

図1　特別活動の特質（集団活動、実践活動）

4. 人格形成を目指す教育活動である

　特別活動は、人格形成に直接的にかかわる教育活動として、学校教育において独自の教育機能をもつものである。すなわち、特別活動はその目標（小・中学校、高等学校）にも示されているように、児童生徒の望ましい集団活動を通して、豊かな人間形成を図ろうとする教育活動である。このことにかかわって、中学校学習指導要領解説「特別活動編」の第2節「1. 人間形成と特別活動」では、次のように述べてある。

　「子どもたちが、これから生きていかなければならない社会は、変化が激しく、複雑な人間関係の中で、新しい未知の課題に試行錯誤しながら対応することが求められる難しい社会である。このような社会をたくましく生きていかなければなら生徒にとっては、このような複雑で変化の激しい社会での生き方などについて体験的に学ぶ場が必要である。特

別活動は、その重要な場や機会として、学校教育において、望ましい集団活動や体験的な活動を通して、実際の社会で生きて働く社会性を身に付けるなど、生徒の人間形成を図る教育活動である」。

近年、都市化や少子高齢化、高度情報化の進展、また地域社会（コミュニテー）の衰退などが進行しており、人間関係の希薄化や、自然体験・生活体験などの直接体験の減少、仮想現実（バーチャルリアリティー）の増加などが背景となって、さまざまな教育課題が出現している。例えば、他者とのかかわり（コミュニケーション）がもてない、集団や社会の一員として求められる社会性や規範意識が育っていないことなどが指摘されている。これらの課題解決に向けて、特別活動はその特質を生かして、児童生徒の人格形成を図るうえで重要な役割を担っている。

換言すれば、今日的な教育課題を解決するためにこそ、特別活動があるといっても過言ではない。さらに、社会の変化に流されることなく、主体的に対応し、自らの将来の職業や生活を見通して、社会的に自立して生きていくために必要な「生きる力」を育成することも、また特別活動の重要な役割である。このように社会の変化が激しい時代を生きる児童生徒に、公共の精神を養うとともに、社会性の育成を図ることやよりよい人間関係を構築していく力、あわせて自主的、実践的な態度や社会に参画する態度、自治的能力や自己を生かす能力の育成を図ることなどが、特別活動の主なねらいなのである。すなわち、人格形成に深くかかわる教育機能を有しているといえよう。

第2節　特別活動の教育的意義

第1節で見てきたように、特別活動には固有の特質がある。

その一つが「集団活動」である。例えば、中学校及び高等学校の特別活動は、学級活動（ホームルーム）、生徒会活動及び学校行事の3つの内容で構成される（小学校ではクラブ活動が加わり、4つの内容で構成）。これらの中には、学級を単位とする集団のほかに、学級や学年の枠を超えた集団による活動（例：学校行事）が含まれている。一人一人がさまざまな集団に所属して活動することによって、人間関係も多様になり、生活経験も豊富になるなど、他の教育内容とは異なる意義が認められるのである。その二つは、「実践的な活動」を特質とすることである。特別活動は、実際の生活経験や体験活動による学習、「なすことによっ

て学ぶ（Learning by doing）」ことを通して、全人的な人間形成を図るという意義を有している。実際の生活体験を通して、教師と生徒及び生徒相互の直接的な触れ合いが緊密になり、学校や学級の生活が明るく豊かになり、しかも有意義な変容をもたらすことができる。あわせて、「なすことによって学ぶ」体験的活動を通して、教科等で学んだことを総合化し、生活や行動に生かすという自主的、実践的な態度を育てることが期待できる。このように特別活動固有の特質を生かして、児童生徒の個性の伸長や実際の社会で生きて働く社会性や自主性、さらには自己を生かす能力の育成などが可能となる。つまり、児童生徒の人格形成に直接的にかかわる教育的意義を有しているということである。そこで、指導に当たる担任・教師はその意義を十分に理解し、特別活動の目標の具現を目指して日々の実践活動に当たらなければならない。特別活動の目標の具現に当たり、その指導内容や方法は、小学校、中学校、高等学校など児童生徒の成長、発達の段階に応じてそれぞれに異なることが少なくないからである。

　一方、方法原理としての望ましい集団活動や実践活動を通した指導、目標としての心身の調和のとれた発達や個性の伸長、社会性や人間関係形成力、自主的、実践的な態度、人間としての生き方についての自覚、自己を生かす能力の育成などについては、どの校種においても程度の違いこそあれ、変わらない。このように考えると、特別活動の教育的意義については、「図2」のように捉えることができる。

　中学校学習指導要領解説・特別活動編（文部科学省）には、特別活動の教育的意義として次の点が挙げられている。
　ア　集団や社会の一員として、「なすことによって学ぶ」活動を通して自主的、実践的な態度を身に付ける活動である。
　イ　教師と生徒及び生徒相互の人間的な触れ合いを基盤とする活動である。

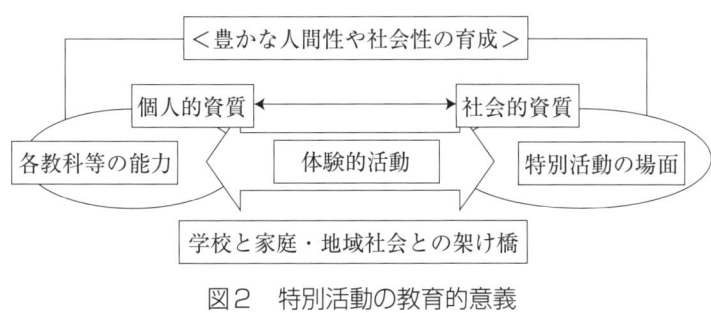

図2　特別活動の教育的意義

ウ 生徒の個性や能力の伸長、協力の精神などの育成を図る活動である。
エ 各教科、道徳、総合的な学習の時間などの学習に対して、興味・関心を高める活動である。また、逆に、各教科等で培われた能力などが総合・発展される活動でもある。
オ 知・徳・体の調和のとれた豊かな人間性や社会性の育成を図る活動である。

なお、小学校学習指導要領解説では、上記オの内容に関して、「道徳的実践に展開できる重要な場や機会であることを積極的に生かして、知・徳・体の調和のとれた豊かな人間性や社会性の育成を図る活動である」としてある。これは、中央教育審議会答申（平成20年1月）に示された「特別活動の改善の基本方針」（道徳的実践の指導の充実を図る観点から、目標や内容を見直す）を受けたものであり、児童期の集団活動の発達的な特質を踏まえたことや中学校への接続を意識したものとして捉えることができる。これらのことを踏まえると、特別活動の指導に当たっては、特別活動の教育的意義を十分に理解して効果的な計画を立て、望ましい集団活動が展開されるようにすることが大切になる。

これらの教育的意義が生かされるためには、児童生徒が家庭や地域社会における生活体験や自然体験、社会体験などの場や機会で学校における集団活動の経験が十分生かされ、発揮されることが重要である。

また、家庭や地域社会における集団活動によるさまざまな体験で学んだことを教育活動に生かすことを押さえておくことも欠かせない。

言い換えるならば、小・中学校及び高等学校における特別活動には、学校と家庭・地域社会との間に立って、両者を結ぶ重要な役割（学校と地域との架け橋）を果たすことが期待されるのである。

第3節 特別活動の理解を深めるための主要語句

ここでは、小・中学校及び高等学校の特別活動理解に欠かせない主要な語句について、いくつかポイントを絞って補説しておきたい。

1．学校教育における特別活動の目標の構成

小・中学校及び高等学校の特別活動の目標は、次のとおりである。

表2　小・中学校及び高等学校の特別活動

小学校	中学校	高等学校
望ましい集団活動を通して、心身の調和のとれた発達と個性の伸長を図り、集団の一員としてよりよい生活や人間関係を築こうとする<u>自主的、実践的な態度を育てる</u>とともに、自己の生き方についての考えを深め、<u>自己を生かす能力を養う</u>。	望ましい集団活動を通して、心身の調和のとれた発達と個性の伸長を図り、集団や社会の一員としてよりよい生活や人間関係を築こうとする<u>自主的、実践的な態度を育てる</u>とともに、人間としての生き方についての自覚を深め、<u>自己を生かす能力を養う</u>。	望ましい集団活動を通して、心身の調和のとれた発達と個性の伸長を図り、集団や社会の一員としてよりよい生活や人間関係を築こうとする<u>自主的、実践的な態度を育てる</u>とともに、人間としての在り方生き方についての自覚を深め、<u>自己を生かす能力を養う</u>。

上記を見ると、小・中学校、高等学校ともに目標としての基本的な方向が一貫していることが分かる。そして、各校種別にそれぞれの発達的な特性を踏まえて、発展的な事項を位置付けていることが明らかになる。

特別活動の目標は、第2節ですでに見てきたように、"なすことによって学ぶ"自主的・実践的な活動であり、相互の人間的な触れ合いを基盤にして個性の伸長を図るとともに自主的、実践的な態度を育てることを目指している。そして、人間としての生き方についての自覚を深め、自己を生かす能力の育成につなげていく。これらの特性を生かしながら、他の教育活動とも関連させ、豊かな人間性や社会性をはぐくむのである。

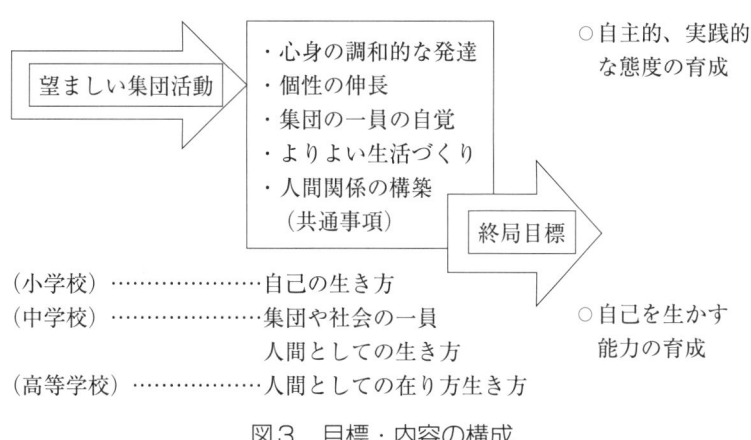

図3　目標・内容の構成

2. 体験活動を通して身に付ける資質や能力—意味と意義

　かつて児童生徒は、家庭や地域において、大人とのかかわりや異年齢の子どもたちとの遊びやスポーツなどを通じて、他を思いやる心や規範意識などを体験的に学んできた。しかし近年、都市化や少子化、地域社会における人間関係の希薄化等が進む中で、児童生徒の豊かな成長に欠かせない多くの人々や社会とのかかわり、また例えば「キャンプをすること」や「昆虫をつかまえること」などの直接体験の機会が乏しくなっている（平成17年度「青少年の自然体験活動等に関する実態報告」）。

　このような状況を踏まえ、平成13年7月、学校教育法等の改正が行われ、また、平成14年7月には中教審答申「青少年の奉仕活動・体験活動の推進方策等について」が取りまとめられた。そこでは、「青少年の時期には学校内外における奉仕活動・体験活動を推進する等多様な体験活動の機会を充実し、豊かな人間性や社会性などを培っていく必要があること」が提言された。以下の通りである。

> 　社会奉仕体験活動、自然体験活動、職業体験活動などさまざまな体験活動を通じて、他人に共感すること、自分が大切な存在であること、社会の一員であることを実感し、思いやりの心や規範意識をはぐくむことができる。また、広く物事への関心を高め、問題を発見したり、困難に挑戦したり、人との信頼関係を築いて共に物事を進めていく喜びや充実感を体得し、指導力やコミュニケーション能力をはぐくむとともに、学ぶ意欲や思考力、判断力などを総合的に高め、生きて働く学力を向上させることができる。さらに、幼少期より積み重ねたさまざまな体験が心に残り、自立的な活動を行う原動力となることも期待され、このような体験を通して市民性、社会性を獲得し、新しい「公共」を支える基盤をつくることにつながるものである。
>
> 　　　　　「青少年の奉仕活動、体験活動の推進方策等について」
> 　　　　　　　（中央教育審議会答申、文部科学省、平成14年7月）

(1) 体験活動の捉え方—直接体験の重視

　Learning by doing. I do, and I understand. 体験活動とは、端的にいうと「自分の身体を通して実地に経験する活動」のことである。人は、さまざまな感覚器官、例えば、見る（視覚）、聞く（聴覚）、味わう（味覚）、嗅ぐ（嗅覚）、触れる（触覚）といった諸感覚を働かせ、あるいは

組み合わせることによって外界の事物や事象に働きかけながら学んでいく。体験活動には、①自分自身が対象となる実物に実際にかかわっていく「直接体験」のほか、②写真やテレビなどの媒体を介して感覚的に学び取る「間接体験」、③模型やシミュレーションなどの「疑似体験」があるが、とりわけ①の「直接体験」不足が課題となっており、学校教育においてはそのことにどのように取り組むか（教育課程の位置付け）が問われている。

(2) 体験活動のアンバランス―負の側面

今日、情報化社会の中では居ながらにして即座に世界中のニュースが分かるように②「間接体験」が大きく膨らんでいる。また、コンピュータを使ったシミュレーションをはじめとする情報技術の発展（例：ユビキタス社会）によって③「疑似体験」も高度に発達してきた。このような②及び③の増加傾向の中で、①直接体験の減少、つまりアンバランスな体験内容が、子どもたちの成長に負の影響を及ぼしているといわれている。体験活動はこれまでもさまざまな活動（セカンドスクール「東京都武蔵野市」など）が工夫されてきたが、ねらいを明確にして一定程度まとまった直接体験を行う小・中学校、高等学校の増加が期待される。

(3) 学校における奉仕・体験活動の充実―きっかけづくり

①現実の世界や生活などへの興味・関心、意欲の向上
②問題発見や問題解決能力の育成
③思考や理解の基盤づくり
④教科等の「知」の総合化と実践化
⑤自己との出会いと成就感や自尊感情の獲得
⑥社会性や共に生きる力の育成
⑦豊かな人間性や価値観の形成
⑧基礎的な体力や心身の健康の保持増進
『体験活動事例集～体験のススメ～』（文部科学省、平成20年）

上記の内容は、体験活動を推進するための参考資料（小・中学校及び高等学校における具体的な体験活動の事例集）として文部科学省が発刊したものである。各学校においては、これらを参考にして教育課程に"体験活動"を位置付けるとともに具体的に取り組むことが求められる。
ところで、体験活動については学校がすべてを提供することはできな

い。学校・教師は、他者や社会、自然や環境の中での直接体験のきっかけづくりが重要になる。例えば、学習指導要領の小・中学校、高等学校の特別活動においては、「旅行（遠足）・集団宿泊的行事」や「勤労生産・奉仕的行事」を行うことになっており、またキャリア教育の視点から中学校では職場体験、さらに高等学校でのインターンシップなどが行われている。

各学校においては今後、体験活動の充実を一層工夫することが重要になり、そのための方針、組織、人を確立することが大事である。

(4) 中学校における職場体験─計画的・継続的な取り組み

「職場体験」とは、中学校等の教育活動（特別活動や総合的な学習などの時間）の中で生徒たちに地域社会のさまざまな事業所において職業の現場を体験させることである。現在、全国の公立中学校の約90％が、1～5日の職場体験を実施している。国立教育政策研究所の調査によると、平成14年度には、全国10,335校の公立中学の内、8,976校、86.9％の学校で中学生が職場体験をしているという。ただし、どの学年で実施するか、何日間行うかについては、都道府県や個々の学校の事情により異なっている。おおよそのところ、3日～5日程度が多いが、1日で終わりというケースもある（国立教育政策研究所の調査）。

平成19年度の実施状況調査では、5日以上の職場体験を実施した公立中学校は、9,667校中で2,050校であり、実施率は21.2％（平成18年度は16.5％）で、前年度比で4.7％増加している。

兵庫県や富山県などでは今日、公立の全中学校2年生で職場体験が実施されている。東京都においても平成17年度の重点事業として「公立中学校2年生を対象に、5日間程度（1週間程度）、学校を離れ地域商店、地元産業、民間企業、公的施設などの職場で、実際に仕事などの体験をする」"（わく（Work）わく（Work）Week Tokyo）"を発足させた。ここでは、職場体験活動の在り方について考えてみる。

① 職場体験の推進─教育課程上の位置付けと評価の観点─

平成17年度、江戸川区教育委員会では「チャレンジ・ザ・ドリーム」と銘打って連続して5日間職場体験を実施することにした。実施要項には、次のように「ねらい」が明記されている。①職場体験を通して多くの方々と触れ合い、コミュニケーション能力や社会性を身に付ける。②さまざまな生き方に触れることにより、自分の将来を考える機会とする。③望ましい勤労観・職業観をもち、自ら進路を選択・決定していくこと

に必要な能力・態度を身に付ける。体験先（受入先の確保は一つの課題である）は学区域を中心に保育園・幼稚園、福祉施設、公共施設、地元産業、民間企業などである。また実施時間数については職場体験の事前・事後指導及び「職場体験」を総合的な学習の時間や特別活動の時間に位置付ける。あわせて、期待される効果として「①生徒、②親子関係、③教師、④受入れ先、⑤不登校生徒」の視点から変容を見る。例えば①生徒の変容では「かかわりを通して自己認識が高まり、自己の可能性を再発見できる」、③教師の変容では「生徒の新たな面の発見、地域と共に歩む学校への再認識」などが挙げられているが、このことは「職場体験」のねらいの具現化であるとともに評価の観点ともいえよう。

② 年間を見通した取り組み―ポートフォリオによる評価―

「職場体験」は単に2年生で実施すればよいというものではなく、中学校3か年を見通して系統的に行うことが肝要である。A中学校では、1年生は「進路の方向付けと探索」の段階で、例えばさまざまな職業の内容など職業全般について学ぶとともに自己の興味や関心などについて考える自己理解に関する活動を行う。2年生は「進路探索の強化」段階と位置付け、職業を希望や興味だけでなく自己の能力や性格、価値観などの面から見つめるようにする。進路に対する不安や迷いなどが出てくるのもこの時期であり、この迷いや不安をどう克服するかが3年生の「進路選択」段階における決定に大きな影響を与える。職場体験（啓発的経験）や自己理解に関する活動を2年生で行う意味・意義はここにある。

学習過程	主な学習内容	時間	評価内容、方法
問題意識の高揚	自己理解（1学期）	4	ファイル（カード）
課題の設定	職業についての調査（1学期）	3	職業調べ
職場体験の準備	目的の確認、挨拶の習得（1学期）	3	取り組みへの心構え
受け入れ事業所	事業所の事前訪問（夏休み）	8	評価項目の確認
職場体験	職場体験の実際（9月、5日間）	30	自己評価、プリント
成果のまとめ	感想・成果・反省・礼状（2学期）	4	アンケート、まとめ
発表会の実施	事業所の方々を招き報告（2学期）	4	プレゼンテーション

体験活動（職場体験）の評価については、いわゆる「ポートフォリオ」を重視している。例えば一つの体験活動ごとに5つの観点（①積極性、②協調性、③工夫、④集中力、⑤発見）から自己の取り組みを振り返る。職場体験では「朝の出発・到着時刻、挨拶、仕事がしっかりでき

③ 生徒の変容についての見取り―職場体験の成果と課題―

　兵庫県の「トライやるウイーク」評価検証委員会は、5年目の検証として、①生徒（自己理解、人間関係の深まり、他）、②教職員（生徒理解の深まり、開かれた学校づくり）、③家庭・保護者（親子関係の変化）、④地域社会の受入れ先（学校理解の深まり、受入れ先の活性化）について分析・考察している。例えば、①「生徒の変容」について"受入先の感想"は、「生徒は3日目から変わる。3日目には1日目、2日目の経験から自分で仕事をやり始める。そこで次の段階に進め、難しいことをやらせてもらうようになり、自信を付けた。また、そのことでやり遂げた達成感を味わった」などである。各中学校にあっては、生徒の実態や地域の実情などを踏まえ、実習する事業所の問題（受入先の確保）や事前・事後指導（生徒のマナー、挨拶、活動意欲や次年度への申し送り）とともに、生徒の変容（職業や進路に関する意識）や親子関係の変化などについても継続的に分析・考察することが求められている。

　職場体験では、生徒が直接働く人と接することや実際的な知識や技術・技能に触れることを通して、学ぶことや働くことの意義を理解し、生きることの尊さを実感することができる。「職場体験」は、特に、生徒の進路意識の未成熟や勤労観、職業観の未発達が大きな課題となっている今日、生徒が実際的な知識や技術・技能に触れることを通して、学ぶことの意義を理解し、主体的に進路を選択決定する態度や意志、意欲などを培うことができるのである。

3．自己を生かす能力の育成―小・中学校、高等学校一貫した指導

(1) 学習指導要領、道徳、特別活動等の位置付け

　中央教育審議会の答申（平成20年1月）は、学習指導要領改訂の基本的な考え方について、「変化が激しく、新しい未知の課題に試行錯誤しながらも対応することが求められる複雑で難しい時代を担う子どもたちにとって、将来に職業や生活を見通して、社会において自立的に生きるために必要とされる力が"生きる力"である」と述べている。

　また、「自分に自信がもてず、将来や人間関係に不安を抱えているといった子どもたちの現状を踏まえると、コミュニケーションや感性・情緒、知的活動の基盤である……子どもたちに、他者、社会、自然・環境

とのかかわりの中で、これらと共に生きる自分への自信をもたせる必要がある」と指摘している。そして、各学校段階では、例えば小学校では自己の生き方についての指導、中学校では人間としての生き方を見つめさせる指導、高等学校では社会の一員としての自己の生き方を探究するなど人間としての在り方生き方についての指導の充実を求めているのである（中央教育審議会・答申、平成20年1月）。

　この答申を受けて、小学校学習指導要領では、第1章「総則」（教育課程編成の一般方針）の中で、「……児童が自己の生き方についての考えを深め、家庭や地域社会との連携を図りながら、集団宿泊活動やボランティア活動、自然体験活動などの豊かな体験を通して児童の内面に根ざした道徳性の育成が図られるよう配慮しなければならない……」としている。また、道徳教育に関しては、その目標に「道徳の時間においては……自己の生き方についての考えを深め、道徳的実践力を育成するものとする」、「高学年においては、悩みや葛藤等の心の揺れ、人間関係の理解等の課題を積極的に取り上げ、自己の生き方についての考えを一層深められるよう指導を工夫すること」と述べている。なお、今回の学習指導要領改訂では、特別活動にも新たに「自己の生き方」についての文言が付け加わった。特別活動の目標には「望ましい集団活動を通して……自己の生き方についての考えを深め、自己を生かす能力を養う」。また、「学級活動などにおいて、児童が自ら現在及び将来の生き方を考えることができるよう工夫すること」と記されている。

　あわせて、総合的な学習の時間においては、「自ら課題を見付け、自ら学び、自ら考え、主体的に判断し、よりよく問題を解決する資質や能力を育てること」とともに「学び方やものの考え方を身に付け、問題の解決や探究活動に主体的、創造的に取り組む態度を育て、自己の生き方を考えることができるようにすること」、「各教科、道徳及び特別活動で身に付けた知識や技能等を相互に関連付け、学習や生活において生かし、それらが総合的に働くようにすること」などのねらいが示された。

　このことは、思考力・判断力・表現力等が求められる「知識基盤社会」の時代においてますます重要な事柄である。

　中学校では、まず、学習指導要領第1章「総則」（教育課程編成の一般方針）において、「……道徳教育を進めるに当たっては、教師と生徒及び生徒相互の人間関係を深めるとともに、生徒が道徳的価値に基づいた人間としての生き方についての自覚を深め、家庭や地域社会との連携を図りながら、職場体験活動やボランティア活動、自然体験活動などの

豊かな体験を通して生徒の内面に根ざした道徳性の育成が図られるよう配慮しなければならない。……その際、特に生徒が自他の生命を尊重し、規律ある生活ができ、自分の将来を考え、法やきまりの意義の理解を深め、主体的に社会の形成に参画し、国際社会に生きる日本人としての自覚を身に付けるようにすることなどに配慮しなければならない」と述べている。次に、「第4 指導計画の作成等に当たって配慮すべき事項」では、「……(3)教師と生徒の信頼関係及び生徒相互の好ましい人間関係を育てるとともに生徒理解を深め、生徒が自主的に判断、行動し積極的に自己を生かしていくことができるよう、生徒指導の充実を図ること。(4)生徒が自らの生き方を考え主体的に進路を選択することができるよう、学校の教育活動全体を通じ、計画的、組織的な進路指導を行うこと。(5)生徒が学校や学級での生活によりよく適応するとともに、現在及び将来の生き方を考え行動する態度や能力を育成することができるよう、学校の教育活動全体を通じ、ガイダンスの機能の充実を図ること」と明示されている。また、「第3章 道徳」においては、「道徳教育の目標は、第1章総則の第1の2に示すところにより、学校の教育活動全体を通じて、道徳的な心情、判断力、実践意欲と態度などの道徳性を養うこととする。……道徳の時間においては、……計画的、発展的な指導によってこれを補充、深化、統合し、道徳的価値及びそれに基づいた人間としての生き方についての自覚を深め、道徳的実践力を育成するものとする」と記されている。

そして、新たに章立てされた「総合的な学習の時間」においても、その目標に「横断的・総合的な学習や探究的な学習を通して、……問題の解決や探究活動に主体的、創造的、協同的に取り組む態度を育て、自己の生き方を考えることができるようにする」と示されている。さらに第5章「特別活動」では「望ましい集団活動を通して……人間としての生き方についての自覚を深め、自己を生かす能力を養う」と目標に掲げ、中学校・学級活動の内容(3)「学業と進路」では、ア 学ぶことと働くことの意義の理解、イ 自主的な学習態度の形成と学校図書館の利用、ウ 進路適性の吟味と進路情報の活用、エ 望ましい勤労観・職業観の形成、オ 主体的な進路の選択と将来設計を挙げている。すなわち、「自己を生かす指導」を各学校において教育課程に明確に位置付け、その具現化に向けて取り組むことが強く求められているのである。

(2) 自己を生かす能力の育成

　従前、中学校及び高等学校においては、特別活動の目標「望ましい集団活動を通して……自己を生かす能力を養う」を受けて、多様な取り組みを実施していた。今回、新学習指導要領において小学校・特別活動にも「自己の生き方についての考えを深め、自己を生かす能力を養う」が目標として加えられた。これによって小・中学校、高等学校一貫した指導を行うことが可能になったわけであるが、ここで改めて「自己を生かす能力」（キャリア教育の視点）について押さえおきたい。

表3　キャリア教育の推進

項目（能力）	主　な　内　容
人間関係形成能力	（自他の理解能力とコミュニケーション能力） 他者の個性を尊重し、自己の個性を発揮しながら、さまざまな人々とコミュニケーションを図り、協力・共同して物事に取り組む力を育成すること。
情報活用能力	（自他の理解能力とコミュニケーション能力） 他者の個性を尊重し、自己の個性を発揮しながら、さまざまな人々とコミュニケーションを図り、協力・共同して物事に取り組む力を育成すること。
将来設計能力	（役割把握・認識能力と計画実行能力） 夢や希望をもって将来の生き方や生活を考え、社会の現実を踏まえながら、前向きに自己の将来を設計する力を育成すること。
意志決定能力	（選択能力と課題解決能力） 自らの意志と責任でよりよい選択・決定を行うとともに、その過程での課題や葛藤に積極的に取り組む力を育成すること。

（小学校・中学校・高等学校キャリア教育推進の手引」文部科学省、2006年11月）

　学習指導要領小学校・特別活動解説書には「……集団の一員として自己をよりよく生かすことができるようにするなど、道徳的実践の指導の一層の充実を図り、豊かな人間性や社会性、自律性を備えた児童を育てることを目指す」と説明されている。

　「自己を生かす能力」とは、端的にいうと、自分の個性や能力・適性などの理解を深めるとともに、それらを一層発展・伸長させることによって、自己実現を図ろうとする能力と見ることができる。児童生徒は、成長・発達の過程で、親への依存から離れ、独立や自律の要求を高めていくようになる。また、中学校時代などは、他からの言動に動揺しやすく、自己の生き方を模索するときでもある。このような発達特性や発達

の課題を踏まえ、特に次の点を押さえておくことが肝要である。

① 他者との共存・共生の意味

「自己を生かす能力」とは、各自が自分勝手で気ままな行動をとることではない。すなわち、児童生徒が、社会の一員としての自己（自分）であることを踏まえ、他者と共生する中で自己（自分）の個性を生かし、より充実した生活を送ることができるような自己実現を図るための能力と考えられる。

② 自分や友人の個性の理解

「自己を生かす能力」の育成は、自分の個性や能力・適性を知ることから始まるといってよい。自己の能力を理解するためには、その前提として、より多くの仲間（友人）について知る必要がある。児童生徒は、多様な集団活動を通して多くの友達と接し、自分と他者はどこが違うのかを知るとともに、自分自身の性格や特徴が明らかになり、自己評価や他者評価（相互評価）が確実になっていくのである。

③ 情報の提供・選択能力

教科や進路の選択、職業観の形成に当たっては、それに必要な情報を収集・提供し、自分の意思と責任で「選択・決定」させることが大事である。例えば、進路選択、就職にかかわる情報の提供、卒業生や社会人などの話、職場体験などが考えられる。このような取り組みを通して、自分の将来への生き方や生活について夢や希望をもち、自己を生かそうとする能力を養うことができるのである。

ある小学校では、「一人一人の子どもに自分の将来に対して夢や希望をもたせ、自己の生き方について考えるようにする」のが小学校における生き方指導であるとして教育課程に位置付け、特別活動・学級活動や道徳教育を中心に取り組んでいる。ポイントは次の5つである。

① 夢や希望をもつ—生きがいの追求

児童には、それぞれ個性的な夢がある。例えば「宇宙飛行士になりたい」「幼稚園の先生になりたい」や「お金持ちになりたい」「立派な人になりたい」などである。その夢をただの絵空事として終わらせないようにしたい。そのため、例えば「○年生になって」など自分の目標として主体的に取り組んでいく態度を育てるようにする。

② 自分のよさを知る—肯定的な自己像の形成

友達と違う自分のよさに気付くことである。児童一人一人が自分のよさや個性に自信をもつ。そのため、例えば異年齢活動を通して

「自分もやればできる、相手に分かるように教えることができる」などの体験を深めながら肯定的な自己像を形成する。

③ 人とのかかわりを大切にする―豊かな人間関係の醸成

人とのかかわりを大切にすることは、生涯にわたってよりよく生きていくうえで欠かせない。そのため、例えば異年齢活動年齢などを通して下学年では「お兄さん、お姉さんありがとう」の気持ち、上学年では「他のために役だっている、責任をもって取り組む」態度を育てる。

④ 働くことの大切さを知る―望ましい勤労観、職業観の育成

人間が充実して生きていくためには、自己の職業に生きがいを感じ誇りと意欲をもって取り組むことが必要である。小学校段階では「商店の人になって」、「地域の清掃活動」などを通して働くことの大切さを理解させるようにする。

⑤ 自分のことは、自分で決める―意思決定能力の育成

自分で自己の目標を決め、それに向かって努力する。「○学期の目標、めあて」など自分の考えをもち、主体的に取り組むことのできる力を身に付けさせる。

上記のような5つの視点から、例えば係り活動や当番活動、各種学校行事、異年齢集団活動などに取り組み、自己理解の深化・自己効力感の醸成に資するようにしているのである。

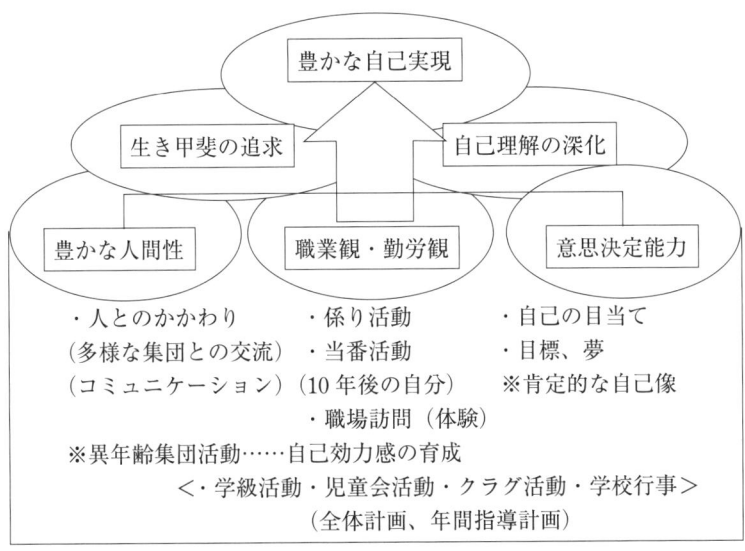

図4　自己の生き方"自己を生かす能力"の育成

第1章

課題

1. 学校教育における特別活動の位置や役割について箇条書きでまとめてみましょう。
2. 豊かな人間形成に果たす特別活動の目標や内容について、自己の経験にも触れながら整理してみましょう。
3. 特別活動の教育的意義とは何か、あなたの経験を踏まえてまとめてみましょう。
4. 小・中学校、高等学校時代の特別活動を振り返り、心に残っていることを各校種別に整理してみましょう。また、教職志望に影響を与えたと思われる事柄について考えてみましょう。
5. あなたのキャリア（小学校～大学）を振り返り、これからの生き方（目指している道など）について、以下の表に書き入れてみましょう。

〈プロフィール〉

①年齢（　　歳）	性　別（男　女）
②家族構成（人数）	
③小・中学校時代の住所	

〈小・中学校時代〉

（　　）小（　　）中学校	転校した場合（　　）小学校
①好きな教科	（　　　　）（　　　　）
②苦手な教科	（　　　　）（　　　　）
③楽しい（心に残る）思い出	
④苦い（嫌な過去）思い出	
⑤クラブ活動、部活動	
⑥将来の夢（憧れ）	

〈高等学校時代〉

（　　　　　　）高校	転校した場合（　　　　）高校
①好きな教科	（　　　　）（　　　　）
②苦手な教科	（　　　　）（　　　　）
③楽しい（心に残る）思い出	
④苦い（嫌な過去）思い出	
⑤サークル活動、部活動	
⑥将来の夢（憧れ）	

〈大学〉

①専攻コース	(　　　　　　　　　　)
②サークル活動	(　　　　　) (　　　　　)
③楽しい（心に残る）思い出	
④苦い（嫌な過去）思い出	
⑤進路・就職への夢	
⑥教職を目指すきっかけ	

第2章
教育課程と特別活動

　本章は6節から構成されている。まず第1は前回と今次目標との相違について小・中学校及び高等学校と校種をわたって、特別活動の目標を一体的に捉えた。第2は今次改訂に及ぶ背景や基本方針、特別活動の性格や方法原理を示した。また、特別活動の目標のもつ5点の意義について例示し内容を示した。第3は特別活動の方法原理とともに目標の意義について述べた。第4は特別活動の内容に示された改善点について述べた。第5は我が国における特別活動の変遷を捉えた。そして第6は諸外国の特別活動の教育的位置付けや内容について述べてある。
　ここでは、特別活動の目標の意義や歴史、諸外国の特別活動について学習する。

第1節　特別活動の目標

　特別活動の目標は、「学級（ホームルーム）活動」、「児童会・生徒会活動」、「クラブ活動」（小学校のみ）、「学校行事」の4つの内容の目標を総括するものとなっている。最初に、小・中学校及び高等学校における従前と今回の改訂された目標を比較してみる。

1．特別活動の目標の改善点

(1)　小学校の目標
　小学校の特別活動の目標については、小学校学習指導要領第6章第1「目標」で次のように示している。

> 　望ましい集団活動を通して、心身の調和のとれた発達と個性の伸長を図り、集団の一員として<u>よりよい生活や人間関係</u>を築こうとする自主的、実践的な態度を育てるとともに、<u>自己の生き方についての考えを深め、自己を生かす能力を養う。</u>

　従前の目標から若干の表現変更された箇所（＿＿部分）、また、新しく加えられた語句「自己の生き方についての考えを深め、自己を生かす

能力を養う」（＿＿部分）があり、今次改訂で育てる能力が明確に示されたことが、従前との大きな違いである。

(2) 中学校の目標

中学校の特別活動の目標については、中学校学習指導要領第5章第1「目標」で次のように示している。

> 望ましい集団活動を通して、心身の調和のとれた発達と個性の伸長を図り、集団や社会の一員としてよりよい生活や人間関係を築こうとする自主的、実践的な態度を育てるとともに、人間としての生き方についての自覚を深め、自己を生かす能力を養う。

中学校の目標は従前と変更がない。小学校の目標では「集団の一員」、「自己の」、「考え」と表現されているものが、中学では「や社会」が追加され、「人間として」、「自覚」とそれぞれ表現（目標の＿＿部分）されている。

(3) 高等学校の目標

高等学校の特別活動の目標は、高等学校学習指導要領の第5章第1「目標」で次のように示している。

> 望ましい集団活動を通して、心身の調和のとれた発達と個性の伸長を図り、集団や社会の一員としてよりよい生活や人間関係を築こうとする自主的、実践的な態度を育てるとともに、人間としての在り方生き方についての自覚を深め、自己を生かす能力を養う。

高等学校の目標は従前と変更がない。中学校の目標にさらに「在り方」が追加されている（目標の＿＿部分）のがポイントである。

以上、小・中学校及び高等学校の特別活動の目標及び従前と今次改訂でどのように変更されたかについて捉えた。校種により若干の文言の違いはあるものの基本的には同じであるといえる。小学校の目標に新たに「自己の生き方についての考えを深め、自己を生かす能力を養う」が追加されたことにより、目標がより統合化され特別活動が目指すものがより一層明確にされたといえる。

この意味からも、小・中学校及び高等学校と校種をわたって、その目

標を捉え、理解しておくことが必要である。

第2節　改善の背景と基本方針

1. 改善の背景

次に、今次の改訂に当たり平成10年版の特別活動にどのような課題があったのかをまとめてみた。その結果、以下のように5項目指摘された。

1）特別活動の充実は、学校生活の満足・楽しさに深くかかわるが、それが資質や能力の育成に十分繋がらない。
2）接続問題として、小1プロブレム・中1ギャップ等集団への不適応がみられる。
3）激変社会の中で、①体験不足・人間関係希薄、②働く意欲・解決力不足、③規範意識低下による好ましい人間関係が築けず、社会性が不十分である。
4）各内容の目標がなく、何を育てるか不明確で「総合的な学習の時間」との重複もある。
5）「学級活動」がまとめて示されており、発達や学年課題への対応が不十分で、適切な活動が行われにくい。

2. 基本方針

そこで、これらの課題を踏まえて、「改善の基本方針」が以下のように4点示された。

1）特別活動と道徳、総合的な学習の時間のそれぞれの役割を明確にし、望ましい集団活動や体験的な活動を通して、豊かな学校生活を築くとともに、公共の精神を養い、社会性の育成を図るという特別活動の特質を踏まえ、特によりよい人間関係を築く力、社会に参画する態度や自治的能力の育成を重視する。また、道徳的実践の指導の充実を図る観点から、目標や内容を見直す。
2）特別活動の各内容のねらいと意義を明確にするため、各内容にかかわる活動を通して育てたい態度や能力を、特別活動の全体目標を受けて各内容の目標として示す。
3）子どもの自主的、自発的な活動を一層重視するとともに、子どもの

実態に適切に対応するため、発達や学年の段階や課題に即した内容を示すなどして、重点的な指導ができるようにする。その際、道徳や総合的な学習の時間などとの有機的な関連を図ったり、指導方法や教材を工夫したりすることが必要である。

4）自分に自信がもてず、人間関係に不安を感じていたり、好ましい人間関係を築けず社会性の育成が不十分であったりする状況が見られたりすることから、それらにかかわる力を実践を通して高めるための体験活動や生活を改善する話し合い活動、多様な異年齢の子どもたちからなる集団による活動を一層重視する。特に体験活動については、体験を通じて感じたり、築いたりしたことを振り返り、言葉でまとめたり、発表し合ったりする活動を重視する。

　上記方針に基づいて改訂された目標を小学校で再度確認してみる。従前は「望ましい集団活動を通して、心身の調和のとれた発達と個性の伸長を図るとともに、集団の一員としての自覚を深め、協力してよりよい生活を築こうとする自主的、実践的な態度を育てる」と定められていた。

　今次改訂では「望ましい集団活動を通して、心身の調和のとれた発達と個性に伸長を図り、集団の一員としてよりよい生活や人間関係を築こうとする自主的、実践的な態度を育てるとともに、自己の生き方についての考えを深め、自己を生かす能力を養う」と、なった。従前、「……の自覚を深め、協力してよりよい生活を……」とされていたものが、「……よりよい生活や人間関係を……」と表現が変更された。

　課題で指摘されたこと、改善の基本方針に示されたことの「人間関係」の文言が特別活動の目標、各活動の目標、学校行事の目標に盛り込まれている。このことは、人間関係の希薄化が指摘されている今日、「望ましい集団活動」を指導の原理とする特別活動においては、「人間関係」の確立について大きな役割を担っているといえる。つまり、特別活動はよりよい生活や人間関係を築こうとする自主的、実践的な態度を育てる教育活動であることから、そのことが明確に示されたといえる。

　また、今次改訂の目標に「自己の生き方について考えを深め、自己を生かす能力を養う」の文言が新たに追加された。このことは、自分への自信の欠如や自らの将来への不安、働くことの意義などの課題が指摘されたことへの対応であり、「生きる力」を身に付けた自立した生活者を目指していることを明確に示したのである。

　この目標の追加により小・中学校及び高等学校と特別活動の目標が一層統合化された。

第3節　特別活動の性格・方法原理と意義

1. 性格・方法原理

　特別活動の目標の冒頭に小・中学校、高等学校いずれも「望ましい集団活動を通して」とあるのは、特別活動の性格を明確に示している。それは、他の教育活動にはない、特別活動固有のものである。

　つまり、特別活動は、望ましい実践的な集団活動として展開される教育活動であることを特質とするものといえる。

　それはまた、その後に続く目標を達成するための、方法原理となるものである。理解を容易にするために以下に図示してみよう。

〈方法原理〉

望ましい集団活動を通して

⇩　⇩　⇩

①心身の調和のとれた発達と個性の伸長を図る ②集団(や社会：中・高)の一員としてよりよい生活や人間関係を築く ③自主的、実践的な態度を育てる

⇩　⇩　⇩

小：自己の生き方について考えを深め、自己を生かす能力を養う 中：人間としての生き方についての自覚を深め、自己を生かす能力を養う 高：人間としての在り方生き方についての自覚を深め、自己を生かす能力を養う

　特別活動のこのような目標は、次章で示すような学級活動(ホームルーム活動)、児童会・生徒会活動、クラブ活動及び学校行事にも今次改訂で目標が示されたが、それら4つの目標の総目標であることを念頭におかなければならない。したがって、4つの活動目標・内容について具体的に把握するとともに、それを児童生徒が自主的で実践的な活動を展開することによって、上記目標が達成できるように指導していくことである。

2. 目標の意義

　特別活動の目標は、学級（ホームルーム）活動、児童会・生徒会活動、クラブ活動（小のみ）及び学校行事という4つの内容の総括的な目標である。その特別活動の目標の達成には、育成すべき資質や能力を明確にするとともに、学校ごとに各内容を定めて指導していくことが大切である。そこで、目標についてより深く理解して指導していくため、次に5つの観点から教育的意義について考えてみたい。

(1) 望ましい集団活動

　前記したように、「望ましい集団活動を通して」とは、特別活動の方法原理である。また、特別活動固有のものであり、特質であることを示している。つまり、特別活動の展開は「集団活動」を通して行わなければならないということが大前提にあるということである。

　特別活動のねらいは、学校生活に変化と潤いをもたせて豊かな学校生活を送ること、また、社会生活を円滑におくるための社会性の育成や公共心を養うことである。ここでは、そのねらいを達成させるために学校にはどのような集団があるのかを捉えてみたい。

　第1は、最も基本で、共に多くの時間を過ごし、学習に取り組む同学年の児童によって編成される「学級集団」である。そこで行われる特別活動が「学級活動」である。例えば、よりよい生活のための話し合いや学級の係り決め、お楽しみ会の計画を立てる話し合いや準備活動、お楽しみ会の開催などがその活動である。

　第2は、学校生活を楽しく豊かにする全校児童の異年齢集団によって組織される「児童会」の集団がある。そこで行われるのが「児童会活動」である。例えば、児童会全体を推進する児童会役員会（児童会長や書記等）、5・6年生を中心として学校生活が円滑に進められるような活動をする委員会活動（放送・飼育委員会等）がある。また、児童会役員・委員会の委員長・学級代表等が集まって話し合う「代表委員会」や全校での集会活動（「○○祭り」・「児童朝会」等）がある。

　第3は、同好の児童によって主として4年生以上の異年齢集団で組織される「クラブ活動」（小学校のみ）の集団がある。例えば、サッカークラブ、手芸クラブ、囲碁・将棋クラブ等の活動集団である。

　第4は、「学校行事」であるが、全校や学年を集団として行われる活動である。例えば、学校全体を集団としての運動会や演劇鑑賞会、学年

単位を集団としての遠足や6年生の修学旅行などがその活動である。

これら以外にも、各学校の育てたいと願う資質や能力、手段により集団の構成もさまざまであり多様な集団が工夫されている。例えば、「兄弟学級・姉妹学級・なかよし学級・ふれあい学級・ペア学級」等の名称での特定学年や学級の組み合わせでの同学年・異年齢集団や、「たてわり学級・登下校班・地域学級・おそうじ班」等々の名称で実践されている異年齢集団もある。いずれにしても、これらの集団で展開される活動で大切なことは、その集団の中で児童一人一人が自己の存在感をもてることであり、お互いの良さを感じ、可能性を認めて生かし、互いに伸ばし合えるような活動を展開していくことが「望ましい集団活動を通して……」ということなのである。

(2) 心身の調和の取れた発達と個性の伸長

前記の大前提を通して、児童個々が特別活動で達成すべき目標として示されているものである。つまり、「個人的な資質の育成を図ること」が第1の目標である。例えば、小学校の発達段階から考えると、低学年の、次第に自己中心性が減少する時期。中学年の、自分への認識が深まる時期。高学年の、所属感や役割意識を自覚する時期へと経過していく。それぞれの発達段階に応じての適切な資質の育成が求められるのである。そこで、今次改訂では、資質の育成をより明確にするために学級活動の内容が低・中・高学年別に示されたのである。

どのような態度を育成するかを目標の視点から捉えると、低学年では「……進んで取り組もうとする……」、中学年では「……意欲的に取り組もうとする……」、高学年では「……自主的に取り組もうとする……」と示されている。つまり、発達段階に応じ、時期を捉えて適切に多様な集団活動を通して取り組ませることにより、「心身の調和のとれた発達」の基礎が養えるということである。

次に、「個性の伸長」について考えてみたい。昨今、ともすると他人と違えばそれが即「個性」といわれたり、場合によっては勝手気ままをその人の「個性」と認めたりする風潮がある。それらは、いわゆる自己中心的な「閉じられた個」であり、特別活動で育てる個性とは異質なものである。ここで求める「個性」とは、集団から認められ、集団でよりよく発揮し、集団で協調できるような「開かれた個」である。

つまり、集団の中で生きて働く個性を伸長することが、互いを認め・尊重し・伸ばし合うことに繋がり、集団の中での自分自身に自信がつき、

さらに自分を伸ばしていくことになる。これが「個性の伸長」である。例えば、小学校6年生の学級の中では自分を十分発揮できなかった子が、委員会活動の委員長として所属する児童をまとめ、リーダーシップを発揮して活動の様子を全校児童の前で堂々と報告して拍手を浴びた。そのことにより、以後学級でも自分の思っていること、考えていることを自分から発表するようになった。このようなことである。

　個性の伸長は、もちろん学校の教育活動全体で行われるが、前記したように特別活動はさまざまな集団活動を通して展開されるので、諸々の場面で伸長させることが期待できる。そのためには、特別活動の指導では集団活動の場や機会をできるだけ設定することが大切である。

　例えば、教師が主導ですべて決定して進めるのでなく、学校行事の「運動会」で児童に「実行委員会」を設けて教師の指導のもとに企画（例えば目標や種目内容等）・運営等に参加し、当日の運営も任せていくこと。また、「卒業式」に向けて「卒業準備委員会」等の名称で、自分たちの思い（例えば式場のレイアウト・式次第等）や思い出（例えば別れの言葉や歌等）を込めた企画を盛り込むための活動を年度当初から取り組んでいくこと等も考えられる。

　最後に、「個性の伸長」という言葉を特別活動の4つの内容の目標から捉えてみると、唯一クラブ活動に「個性の伸長を図り」と示されていることが分かる。つまり、クラブ活動は、内容に「同好の児童、共通の興味・関心」とあるように、児童がより一層個性を発揮しやすい活動であることから、個性の伸長を図ることを最重要視して指導することが大切である。

(3) 集団の一員としてよりよい生活や人間関係を築く

　最初に、「集団の一員として」の文言を捉えてみよう。特別活動の全体の目標に、学級活動の目標に、児童会活動の目標に、クラブ活動の目標に同一文が表現されている。また、学校行事には「集団への所属感や連帯感」と、表現は違うものの「集団の一員」としての位置付けがなされている。つまり、特別活動すべてに示されていることであり、この意義は「社会的な資質を育成すること」であり、第2の目標である。多様な集団活動の中で、自分が所属する集団に所属意識をもち、その一員としての自覚と集団生活のよりよい発展・向上を目指して自ら積極的に取り組み、貢献しようとする態度を育成することである。

　例えば、学級の生活づくりのための「係活動」で、自分に与えられた

「保健係」の役割を忘れることなく、毎朝観察し保健室へ届け、自分の役割を果たしていくこと。また、「新聞係」として、模造紙にレイアウトを構成したり、文字を清書したり、イラストを描いたり、それぞれの良さを互いに認め合いリーダーシップを取りつつ協力して1枚の学級新聞を完成させていくこと。これらの役割や責任を果たす態度や協力する態度、また、それ以外にも、規律を守る態度や人権を尊重する態度等が「社会的な資質」として捉えることができ、それらを育成することがこの目標のねらいである。

(4) 自主的、実践的態度を育てる

前述の「個性の伸長」や「社会的な資質の育成」を目指していくときに、教師からの働きかけを待ち、受身でいるのでなく、児童自らが積極的・意識的に活動すること、自分で自分を高めよう、伸ばそうとする態度を育てることである。このことは、特別活動における中心的な目標であり、「なすことによって学ぶ」という特別活動の根本を示しているものである。つまり、望ましい集団生活を築くためにも、集団の中で個性を伸長するためにも、自らが進んで取り組むことが大切なのである。例えば、サッカークラブで1年間の目標や活動計画・内容等を設定する際に、一人一人の意見をもとに全員で決めることに参加する。そして、各自が役割を分担して1年間の活動を実践していく。その途中では、計画したことが必ずしも順調に進むとは限らない。他者の準備不足によるクラブ運営の不具合や班編成のアンバランス、技術の習得の落差や練習方法の仕方等さまざまな問題に直面する。そこで、役割分担の交代や複数での分担等の工夫、班編成の均衡化の話し合いや編成替え等、それらの直面する諸問題に自ら取り組み、対応の仕方や解決方法を考え実践してよりよい運営を身に付けていく。このように、実践し体験的に学ぶ活動が繰り返されることによって、さらに自主的・実践的な態度が育成される。このことが「なすことによって学ぶ」ということにほかならない。

(5) 自己の生き方について考えを深め、自己を生かす能力を養う

本章の最初に、今次改訂で小学校の目標に追加されたことや、それにより「育てる能力が明示された」ということを記したが、ここではそのことについて具体的に捉えてみたい。

特別活動は集団活動を通して行われる。その諸々の集団の中の一員として、よりよい生活やよりよい人間関係を築こうとする営みが展開され

る。そのときに、「よりよい」ということへの望ましい認識をもつようにすること。また、その営みの中で自分の良さを生かすためにはどうするか、自分のもっている良さのどの部分を発揮すればよいのか等に思いを巡らしていく。

　例えば、前述のサッカークラブで自分のチームを最もチームワークの良いものにしたい。自分はサッカーが大好きで誰にも負けず上手で、将来の夢はサッカー選手である。このような中で、チームワークを良くするには、今自分がどのような働きかけをチームにすればそのことが可能になるか。また、自分の将来に向けて、そのことがどのように繋がってくるのかを考えて行動することができるようになる。

　つまり、集団の中で自分だけということではなく、チーム全体としてのステップアップを図るための仲間との協調性やリーダーとしての責任遂行等の能力が養われるのである。また、そのことにより他の仲間から受容され、認められることになり、より一層自己を生かすことになっていくのである。このことは、「なすことによって―学び・考え・深め・身に付き・生かす」ことができるということを示しているのである。

　集団活動を通して展開される特別活動で重要になるのが、「集団」である。互いに認め合い・受容し・支持し・励まし・助け合うような肯定的な集団であることが重要である。そのような集団であれば、児童が自己を客観視することができ、自尊感情も高くなり、自信と心の安定がもたらされてくる。そのことにより、さらに自己の生き方を考え・自己を生かす等、自発性や自主性、積極性・実践力がより一層養われてくるのである。

　もし、その集団が否定的であれば、自己肯定感も生まれないし、自己を生かそうという意欲も湧かないし、能力を養うこともできない。指導の際は、特別活動4つの内容で常に教師と児童、児童相互の人間関係・触れ合いが十分に保てるように配慮していくことが必要である。

第4節　特別活動の内容

1．特別活動の内容の改善点

　従前の学習指導要領では、特別活動全体の目標のみが示され、各活動・学校行事の目標は示されず内容のみであった。今回は課題で指摘されたことを踏まえ、各活動・学校行事のそれぞれに目標が設定された。

このことは、各学年の発達段階や各活動の内容に即したものとなったといえる。つまり、目指す方向がより明確に示されたということである。

(1) 学級活動の改善

学級活動の目標が以下のように示された。

> 学級活動を通して、望ましい人間関係を形成し、集団の一員として学級や学校におけるよりよい生活づくりに参画し、諸問題を解決しようとする自主的、実践的な態度や健全な生活態度を育てる。

この目標は、学級活動を通して育てたい態度や能力を明確に示したものである。また、内容について従前は一括であったが、小学校では低・中・高学年ごとに示され、発達段階に応じた指導がなされるように配慮されている。

それとともに、内容の「共通事項」で(1)に3項目、(2)に7項目が示されて、いずれの学年でも取り扱うようになっている。

(1)のウ「学校における多様な集団の生活の向上」や、(2)のエ「清掃などの当番活動等の役割と働くことの意義の理解」、キ「食育の観点を踏まえた」の3点については今次改訂で新たに付け加えられたものである。

このことは、学校で行われる各種の集団による自発的、自治的な活動を一層効果的に行うことや、「勤労観」や「食育」の充実を図る観点が強調されているといえる。

(2) 児童会・生徒会活動の改善

小学校の児童会、中学校・高等学校の生徒会活動の目標が以下のように示された。

> 児童（生徒）会活動を通して、望ましい人間関係を形成し、集団（「や社会」：中・高）の一員としてよりよい学校生活づくりに参画し、協力して諸問題を解決しようとする自主的、実践的な態度を育てる。

この目標は、児童会・生徒会活動を通して育てたい態度や能力を示したものである。

また、内容に新たに3点（中・高では5点）が明確に示され、活動の充実が図られるようになった。なかでも注目すべきは、「異年齢集団に

よる交流」であろう。従前の学習指導要領では小・中学校及び高等学校のどの校種でも示されておらず、今次改訂で示されたものである。

このことは、校種にかかわらず年齢が異なる児童生徒同士のより深い人間関係の確立や学校生活をより楽しくするなど、学校生活の一層の向上を目指そうとしていることが表されているものとして捉えていくことができる。

(3) クラブ活動の改善（小学校のみ）

クラブ活動の目標が以下のように示された。

> クラブ活動を通して、望ましい人間関係を形成し、個性の伸長を図り、集団の一員として協力してよりよいクラブづくりに参画しようとする自主的、実践的な態度を育てる。

この目標は、クラブ活動を通して育てたい態度や能力を示したものである。また、内容に新たに3点が明確に示され、活動の充実が図られるようにされた。このことは、特に個性の伸長や異年齢集団での共通の興味・関心を追求する活動であるクラブ活動の意義が明確に示されたものである。

(4) 学校行事の改善

学校行事の目標が以下のように示された。

> 学校行事を通して、望ましい人間関係を形成し、集団への所属感や連帯感を深め、公共の精神を養い、協力してよりよい学校生活を築こうとする自主的、実践的な態度を育てる。（小・中・高：同文）

この目標は、学校行事を通して育てたい態度や能力を示したものであり、今次改訂で追加された3点について捉えてみることとした。

第1点目は、小・中学校及び高等学校(2)の学芸的行事が文化的行事に改められ、「文化や芸術に親しんだり」が追加された。

第2点目は、小学校では(4)に、「自然の中での集団宿泊活動などの」や「人間関係などの」が新たに付け加えられ、児童生徒同士の繋がりをより一層深めていくことが求められている。このことは、より一層文化・芸術に親しむ活動を展開し、多様な体験・さまざまな人々との交流によ

る人間関係の深まりや公共の精神を養うこと、社会性の育成などが期待されるものである。

　第3点目は、中学校・高等学校では、(5)に、「職場（就業：高）体験など」、「共に助け合って生きることの喜びを体得し」が新たに付け加えられた。このことは、勤労の尊さや意義を理解し、職業や進路の選択と社会的自立に必要な望ましい勤労観や職業を身に付けること。また、共に助け合って生きる人間として必要な社会奉仕の精神を身に付け、人としての生き方の自覚を深めるなど自立していくための態度や能力を育てるものである。また、これら改善点を含め指導計画を立案するに当たって、今次改訂の改善の課題で指摘された特別活動と総合的な学習の時間等との関連を十分に考慮して活動を展開していくことが重要である。

2．特別活動の内容の構成

　以上、本節で述べてきた内容について小学校を基に構造図として以下のようにまとめてみた。

特別活動の方法原理：

なすことによって学ぶ
（体験・経験・行動）

大前提：　　　　　　　　　⇩　⇩

望ましい集団活動を通して

特別活動の内容に示されたこと：⇩　⇩（小学校）

〈学級活動〉
　1　目標
　2　内容―低・中・高
　　　―共通事項(1)アイウ(2)アイウエオカキ
〈児童会活動〉
　1　目標
　2　内容―(1)　(2)　(3)
〈クラブ活動〉
　1　目標
　2　内容―(1)　(2)　(3)
〈学校行事〉
　1　目標

2　内容—(1)　(2)　(3)　(4)　(5)

具体的な例：　　　　　　⇩　　⇩—他教科等との関連も

1　個人生活者として形成するもの
　・あいさつ　・手洗い　・食習慣　・規範　・礼儀
　・ルール　・マナー等の身の回りの基本的生活習慣
2　社会生活者として形成するもの
　・望ましい人間関係　・話し合い活動　・働く意義
　・健康安全な生活　・集団活動の計画運営　・異年齢集団交流　・集団行動の体得　・責任感や連帯感　・体力向上や運動　・公衆道徳や社会奉仕の精神

育成する態度：　　　　　　⇩　　⇩

「自主的・実践的態度」

育成する能力：　　　　　　⇩　　⇩

自己の生き方を考え・深める
自己を生かす能力を養う

第5節　特別活動の変遷

1．明治時代の教科外活動

　明治期の教育においては、「教育ニ関スル勅語」に示された国家思想に則り、天皇制国家における臣民たるにふさわしい価値観や態度を育成することが重視された。1891（明治24）年には、「小学校祝日大祭日儀式規定」が公布され、祝日大祭には児童生徒は学校に登校し、御真影の拝礼、天皇・皇后両陛下に万歳奉祝、「教育ニ関スル勅語」奉読などを行った。また、1893（明治26）年には「祝日大祭日唱歌」が規定され、学校の儀式において「君が代」が斉唱されるようになった。

　このような体制下においては、儀式、運動会、遠足、学芸会といった教科以外の諸活動は「課外活動」として展開され、教科教育の補完的役割と精神教育の一環を担っていた。

2．戦後の特別活動の変遷

　戦後になり、日本国憲法、教育基本法に則った民主主義教育が展開さ

表4　学習指導要領の改訂にみる特別活動の変遷

改訂年	特別活動の変遷	学習指導要領の特徴
1947年 (昭和22)	小学校では各教科の時間のほかに、第4学年以上の必修教科として「自由研究」が新設された。時間数は弾力的に運用され、学年の区別をなくし教師の指導の下に同好が集まって活動を進めることが望ましいとされた。中学校では、「自由研究」は選択教科の一つとして設けられた。	戦前の「教授要目(細目)」に代わるものとして発行。経験主義に基づく指導観を展開。
1951年 (昭和26)	「自由研究」が廃止(発展的解消)となり、教科学習だけでは達成されない教育目標に対する諸活動を包括するものとして、小学校では「教科以外の活動」、中学校・高等学校では「特別教育活動」が新設された。活動内容は、①全校児童が学校の民主的運営に参加できるよう、児童会、各種委員会、児童集会などの創設とその活動の保障・育成、②学級を単位とする学級会、各種委員活動の育成、③クラブ活動の育成、等とされた。	従来の「教科課程」が「教育課程」に変更。
1958年 (昭和33)	特別教育活動と学校行事をそれぞれ独立の領域とし、各教科、道徳と並んで4領域で教育課程を構成することとした。特別教育活動の内容は、①児童会活動、②学級会活動、クラブ活動とされた。	試案形式から告示形式へ。経験主義教育から系統主義教育へ転換。小学校・中学校に「道徳の時間」が新設。
1968年 (昭和43)	特別教育活動と学校行事が統合され「特別活動」となり、新たに「学級指導」が活動内容として組み込まれた。これにより、小学校では各教科、道徳、特別活動の3領域で教育課程が構成された。特別活動の内容は、①児童活動、②学級指導、③学校行事とされ、正規の授業として実施された。中学校では、翌1969年に同様の改訂が行われ、高等学校では1970年に特別教育活動と学校行事を統合して「各教科以外の教育活動」が新設され、クラブ活動が必修化された。	高度経済成長に対応して、「教育課程の現代化」へ。
1977年 (昭和52)	特別活動に学校の創意を生かした一層の充実が求められた。具体的な改訂内容は、①これまでの目標に加えて「自主的・実践的な態度の育成」の強調、②内容を学級会活動、児童(生徒)会活動、クラブ活動、学校行事とする、③学校行事に「勤労・生産的行事」を追加、等であった。また、高等学校においては「各教科以外の教育活動」という呼称を「特別活動」に変更し、小学校・中学校との一貫性が図られた。	「教育課程の現代化」批判の立場から「ゆとりと充実」を重視。
1989年 (平成元)	小学校・中学校・高等学校の一貫性が重視され、特別活動の目標もほぼ同一の表現になった(内容は前改訂と同じ)。	「豊かな心をもち、たくましく生きる人間の育成」を掲げる。国旗・国家についての指導の徹底が図られた。
1998年 (平成10)	中学校においてはより一層社会性の育成を目指す観点から、目標にある「集団の一員」が「集団や社会の一員」に改められた。また、中学校・高等学校の「クラブ活動」について、放課後の部活や学校外活動との関連などを配慮し、廃止となった。それだけに、部活に対する適切な指導がより一層求められる。	「ゆとり」のなかで「生きる力」をはぐくむことを重視。教育内容の「厳選」が図られる。「総合的な学習の時間」が新設(小学校3年以上)。
2008年 (平成20)	特別活動と道徳、総合的な学習の時間それぞれの役割を明確にするとともに、それらの間での有機的な関連を図ることが求められた。道徳的実践の指導を充実する観点から、目標や内容が見直された。また、小1プロブレムや中1ギャップといった集団の適応にかかわる問題に鑑み、よりよい人間関係を築く力や社会的スキルを身につけることを重視し、体験活動や話し合い活動、異年齢集団による活動の充実が図られた。	教育内容に関する主な改善事項として、言語活動の充実、伝統や文化に関する教育の充実、道徳教育の充実、体験活動の充実が示された。

れることとなった。これにより、「課外活動」の教育的価値や意義も見直され、学校の教育課程におけるそれらの位置付けや教育目標、活動内容などの見直しが図られた。以下、学習指導要領の改訂にみる特別活動の変遷を概観する（表4参照）。

第6節　諸外国の教科外活動

1. 韓国

(1) 学校制度の概要

韓国の学校体系は日本のそれとよく似ており、単線型の「6—3—3年制」をとっている。1984年の教育法改正により、義務教育年限がそれまでの6年から9年（6〜15歳）に延長され、また2004年からは義務教育の無償化が完全実施となった。韓国では、日本以上に激しい受験競争が展開されており、大学入学準備段階だけでなく小学校段階から塾（学院）や家庭教師などによる学校外での勉強（「課外（授業、学習）」）に多くの教育費が費やされる傾向にあり、大きな社会問題になっている。

(2) 教育課程の概要

韓国には、日本の学習指導要領に相当するものとして「教育課程」がある。幼稚園から高等学校までの各段階を対象として、教科等の構成、授業時数、教育内容などの基準を定めている。1980年代まで「教育課程」は、「教科」と「特別活動」の2領域で構成されていたが、1992年公示の「第6次教育課程」から「学校裁量時間」（2000年に施行された「第7次教育課程」からは「裁量活動」と改称）が追加され3領域となった。

「第7次教育課程」では、学校段階別の教育課程を廃止し、初等・中等学校段階（12年）を10年間の「国民共通基本教育課程」（初等学校6年＋中等学校3年＋高等学校1年）と「選択中心教育課程」（高等学校2、3年）の2部構成に再編した。また、学校が独自にカリキュラムを編成することができる「裁量活動」と「特別活動」の時間数が、「第6次教育課程」に比べて増加した（特別活動については、初等学校1〜3年生が週1時間、それ以降が週2時間の配当となっている）。

(3) 教育課程における特別活動の位置づけ

① 特別活動の目標

　特別活動は、教科と相互補完的な関係にあり、児童生徒の心身を調和的に発達させるために実施される教科以外の活動である。特別活動は、根本的に集団活動の性格を帯びているが、集団に所属した個人の個性・自律性・創意性を高めていくことが重要である。「第7次教育課程」では、特別活動の目標を表5のように規定している。

表5　特別活動の目標

> 　多様で健全な集団活動に自発的に参与し、個性と素質を啓発し、伸長させ、共同体意識と自律的な態度を育てることにより、民主市民としての基本的な資質を涵養する。
> 1) 学級構成員としての役割を分担、遂行し、自治活動に積極的に参加することによって民主市民の基本資質と態度を身に付ける。
> 2) 変化する環境によく適応し、対処する能力を伸長し、自身の問題を能動的に解決する。
> 3) 啓発活動に自発的に参与し、秩序を学び、協同心を育て、自身の趣味と特技を啓発、伸長させることにより、自己実現のための基礎を培う。
> 4) 奉仕活動の意味を理解し他人を助ける仕事に積極参与して共同体意識を涵養し、生きがいと自身の価値を感じる。
> 5) 各種行事の重要性を理解し、自発的に参与し、学校と地域社会の一員としてもたなければならない基本資質と態度をもつ。

(国立教育政策研究所『道徳・特別活動カリキュラムの改善に関する研究―諸外国の動向(2)―』、2004年、17頁より抜粋)

② 特別活動の内容

　特別活動は、㈐自治活動、㈑適応活動、㈒啓発活動、㈓奉仕活動、㈔行事活動の5領域で構成されている。各領域における具体的活動内容は表6の通りである。各活動の具体的内容は、地域の特性や学校の実情に合うように選定される。

③ 教育課程の改訂と特別活動

　2009年12月に韓国教育科学技術部は、「未来型教育課程」として新教育課程を発表した（2011年より段階的に適用）。この改訂により、創意的体験活動を強化し、配慮と交わりを実践する創意力ある人材養成のための教育を学校で展開することをねらいとして、特別活動と裁量活動のうちの創意的裁量活動を統合した「創意的体験活動」が導入されることとなった。いわゆる詰め込み式の暗記中心型教育からの脱却を企図する新教育課程において、「創意的体験活動」という新たな活動時間の設定により、児童生徒の個性・自律性・創意性をより高めていくことが求められている。

表6　特別活動の内容

領域	内　容　（具体例）	
自治活動	1) 協議活動	学級会、学生会
	2) 役割分担活動	学級の係活動、運営委員活動
	3) 民主市民活動	模擬議会、討論会、対話の広場
適応活動	1) 基本生活習慣形成活動	礼節、遵法、秩序、清潔、整理整頓、倹約節約
	2) 親交活動	祝賀会、慰労会、親睦会、司祭同行
	3) 相談活動	学習、健康、交友、余暇活動、その他個人的な問題
	4) 進路活動	職業世界の理解、進路設計
	5) 正体性確立活動	自己理解、心性啓発
啓発活動	1) 学習問題活動	文芸、演劇、放送、音楽、美術、伝統、社会調査、科学探究、外国語会話
	2) 保健体育活動	陸上、球技、水泳、舞踊、民族あそび、すもう、テコンドー
	3) 実習労作活動	飼育、栽培、木工、調理、手芸、裁縫
	4) 余暇問題活動	登山、写真、読書、映画、生け花、園芸、楽器、将棋
	5) 情報通信活動	
	6) 青少年団体活動	
奉仕活動	1) 手伝い活動	福祉施設ボランティア、公共施設ボランティア、学校内ボランティア
	2) 慰問活動	孤児院慰問、養老院慰問、部隊慰問
	3) キャンペーン活動	交通安全キャンペーン、環境保全キャンペーン
	4) 慈善救護活動	災害救助、国際協力と難民救護
	5) 環境・施設保全活動	きれいな環境づくり、自然保護、文化財保護
行事活動	1) 儀式行事活動	慶祝日、朝会、入学式、卒業式、始業式、終業式
	2) 学芸行事活動	展示会、発表会、学芸会、競演大会、実技大会
	3) 保健体育行事活動	身体検査、健康診断、予防接種、体育大会
	4) 修練活動	遠足、修学旅行、文化財・名勝地探索
	5) 安全救護活動	安全生活訓練、退避防御訓練
	6) 交流活動	姉妹血縁活動、都市・農村交流、国際交流活動

（国立教育政策研究所『道徳・特別活動カリキュラムの改善に関する研究―諸外国の動向（2）―』、2004年、18頁表をもとに作成）

2. イギリス

(1) 学校制度の概要

イギリスは、イングランド、ウェールズ、スコットランド及び北アイルランドの4つの地域からなる。各地域は独自の行政、法令等を展開し、教育においてもそれぞれが特徴ある制度を有している（なお本稿では、イングランドを中心に扱うこととする）。

イギリス（イングランド）の学校体系は、「6（5歳〜11歳）―5（11歳〜16歳）―2（16歳〜18歳）年制」を基本としているが、ミドルスクールをおく地域や独立校（私立校）などは若干異なる段階区分となっている。

(2) 教育課程の概要

1988年教育改革法により、国の教育課程基準である全国共通カリキュラム（ナショナル・カリキュラム）が導入された。ナショナル・カリキュラムは、「英語」「数学」「理科」「技術」「情報」「歴史」「地理」「外国語」「美術」「音楽」「体育」「公民」の必修12教科を中心とする教科により構成されている。また、学ぶべき内容を示す「学習プログラム」と各学習プログラムの習得レベルを示す「到達目標」とが骨格となっている。

教科活動の中で、宗教はナショナル・カリキュラムには含まれないが必修化されている。ただし、学習内容は全国統一ではなく、地方レベルで定められる。また、性教育も必修化されているが、初等学校では学校の判断で行わなくてもよいことになっている。宗教及び性教育については、親が学習を望まない場合、児童生徒はその授業を受けなくてもよいとされている。

(3) 課外活動の展開

こうしたナショナル・カリキュラムに基づく教科活動のほかに、イギリスの学校教育においては「課外活動（extra-curricular activities）」と呼ばれる活動が活発に行われている。課外活動は時間割には入らないが、始業前、放課後、昼食時間、週末、休暇中といった「時間割の外」において、教師または責任のある大人たちが計画・監督して行われている活動である。

その具体的な活動内容を日本の特別活動と比較してみると、まず児童生徒や保護者、教職員など一同が会して行われる入学式や卒業式、終業

式といった儀式的活動は行われない。運動会（sport day）は行われるが、入場行進や号令、場内アナウンスといったものはみられず、徒競走はよく行われるが、どちらかといえば遊び的要素を含んだ競技が多い。一方、遠足、修学旅行、野外学習、音楽祭、ディスコ・パーティといった多彩な活動もまた、多くの学校・地域で行われている。そして、サッカー、クリケット、ラクロス、乗馬などのイギリスの伝統的なスポーツは、学校や地域のクラブ活動において盛んに行われており、学内大会や学校対抗試合などがよく行われている。

　楽しい豊富な課外活動を提供することは、学校の一つの役割となっているといえよう。

3. ニュージーランド

(1) 学校制度の概要

　ニュージーランドの義務教育は6歳から16歳までの11年間であるが、5歳の誕生日を過ぎれば学校に入学することができる。8年間（第1学年〜第8学年）の初等教育を終え、5年間（第9学年〜第13学年）の中等学校に進む。学校のほとんどが公立学校で、私立学校は全体の4％程度である。通常の学校教育以外にも、保護者や保護者が雇用する者が自宅で子どもを教育するホームスクーリングが正式に認められている。この他、マオリ文化維持の目的から設立された、すべての教育活動をマオリ語で行う教育機関（kura kaupapa Maoriなど）もある。

(2) 教育課程の概要

　2010年から、新ナショナル・カリキュラムが完全実施された。新ナショナル・カリキュラムでは、教育課程編成についての学校裁量権が大幅に拡大された。新ナショナル・カリキュラムは、学習の基盤となる7つの「価値観」（卓越性、イノベーション・探求心・好奇心、多様性、公正性、地域参加・環境持続性、誠実性、尊敬の念）、習得すべき5つの「キー・コンペテンシー」（思考力、言語・記号・テキスト操作、自己管理、他者との関係構築、参加と貢献）、そして8つの「学習分野」（英語、芸術、保健体育、外国語学習、算数・数学・統計、科学、社会科学、テクノロジー）の3領域で構成されている。

(3) 課外活動の展開

　ニュージーランドにおいても、イギリス同様、多彩な課外活動が展開されている。特に、自然を生かしたブッシュ・ウォーキングやトレッキングは、野外学習として多くの学校が実施しており、ニュージーランドの子どもたちは小さい頃からそれらに慣れ親しんでいる。トレッキングは、登頂を目指す山登りではなく、特に山頂にはこだわらずに山の中を歩くことを目的としており、自然豊かなニュージーランドでは身近な活動として定着している（ちなみに、ニュージーランドではトランピングと呼ぶ）。野外活動が盛んだからこそ、実施に当たっては専門家が教師に対してだけでなく、児童生徒に対しても必要な知識技能を教授することが前提として行われる。

　また、スポーツについては地域スポーツも盛んであり、特にラグビーは男女を問わず人気がある。ニュージーランドの街を歩くと、青々とした広い芝の公園が点在しており、そこで大人も子どもも自由にラグビーを楽しんでいる光景をよく目にする（学校の校庭もほとんどが芝である）。学校内外でスポーツに親しむ環境が整えられている点は、課外活動でスポーツが盛んに行われる大きな要因となっている。

　ニュージーランドの課外活動をみるときに忘れてはならないのが、先住民であるマオリ文化の維持継承という観点である。ニュージーランドは多民族国家であり、ヨーロッパ系民族だけでなく南太平洋島嶼民、アジア系移民等、多様な民族から構成されている。その中で、特に先住民マオリの言語・文化はニュージーランド国家のアイデンティティの確保に直接繋がるものであり、その維持継承は国家の使命として認識されている。そのため、先に述べたようにマオリ文化維持の目的から設立された、すべての教育活動をマオリ語で行う教育機関が就学前教育段階、初等中等教育段階、高等教育段階それぞれに設置され、その数は増加傾向にある。加えて、いわゆる普通校においてもマオリ語の学習をカリキュラムに取り入れている学校は少なくない。学校においてマオリ語の学習を行うことは、単に言語活用能力の習得にとどまるのではなく、マオリ文化の理解と維持を促進することもまた、そのねらいとしている。

　その他にも、例えば、マオリの伝統的な戦闘のためのダンス（ハカ）は、ニュージーランドのナショナル・ラグビーチームであるオールブラックスが試合前に必ず演舞するが、ニュージーランドの男子児童生徒は民族にかかわらず学校でこのハカを習う。そのため、学校を卒業しても皆このハカを踊ることができるのにはたいへん驚かされた。さらに、ニュー

ジーランド国歌は英語バージョンとマオリ語バージョンがあるが、国歌を斉唱する際はマオリ語バージョンを歌ってから英語バージョンを歌うのが通例である。

　ニュージーランドの学校教育において、課外活動における文化の維持継承のための諸活動は不可欠なものであるといえる。

課　題

1. 「望ましい集団活動」とは何か、一定の集団を想定し具体的な事例を挙げて説明してみましょう。
2. 特別活動の目標から、育成する資質や能力について具体的に説明してみましょう。
3. 集団活動の中で個性の伸長をどのように図っていくか具体的に説明してみましょう。
4. 学習指導要領の改訂に当たり、いくつかの課題が指摘されていますが、その解決のためにあなた自身が特別活動で取り組もうとする具体的な方法を述べてみましょう。
5. 日本と韓国の特別活動を比較し、その相違点を説明してみましょう。
6. 地域や民族など、「文化の維持継承」という観点から日本とニュージーランドを比較してみると、どのような相違点があるでしょうか。

参考文献

文部科学省「小学校学習指導要領」(2008年)
文部科学省「中学校学習指導要領」(2008年)
文部科学省「高等学校学習指導要領」(2009年)
文部科学省「小学校学習指導要領解説　特別活動編」(2008年)
『小学校学習指導要領　新旧比較対照表』(日本教材システム、2008年)
原清治編著『特別活動の探求』(学文社、2007年)
外村近『実践からみた特別活動のあゆみ』(教育開発研究所、1993年)
国立教育政策研究所『道徳・特別活動カリキュラムの改善に関する研究―歴史的変遷―』(2002年)
学校教育研究所編『諸外国の教育の状況』(学校図書、2006年)
二宮浩編著『世界の学校』(学事出版、2006年)
金子満「韓国における初等・中等教育政策の現状と課題(1)」(鹿児島大学教育学部『鹿児島大学教育学部研究紀要　教育科学編』第60巻、2009年)
国立教育政策研究所『道徳・特別活動カリキュラムの改善に関する研究―諸外国の動向(2)―』(2004年)
学校教育研究所編『諸外国の教育の状況』(学校図書、2006年)
研究代表者作花文雄『諸外国における教育課程の基準と学習評価』(国立教育政策研究所、2010年)

第3章 各活動・学校行事の目標と内容

　本章は、小・中学校及び高等学校の学級（ホームルーム）活動・児童会（生徒会）活動・クラブ活動（小学校のみ）・学校行事の目標と内容について述べたものである。
　今次改訂では、それぞれに新たに目標が設定された。その目標にはどのような意義があるのか。また、示された内容の意義や具体的な活動はどのようなことなのか。どのような方法で何を育成することが求められているのかを明らかにしたものである。
　第3章では、各活動・学校行事の目標や内容の意義や具体的方法について学習する。

第1節　学級（ホームルーム）活動

1．新たな目標設定

　従前、学級（ホームルーム）活動については、その目標は設定されていなかったが、平成20年の改訂により、学級活動の目標が新たに規定された。小・中学校及び高等学校学習指導要領には、以下のように示されている。

> 　学級（ホームルーム）活動を通して、望ましい人間関係を形成し、集団の一員として学級や学校におけるよりよい生活づくりに参画し、諸問題を解決しようとする自主的、実践的な態度や健全な生活態度を育てる。
> 　　　　　　　　　　　　　　　　　　　　　　（高校：ホームルーム）

　学級（ホームルーム）活動は、共に生活や学習に取り組む同年齢の学級を単位とした集団において行われる活動であり、学校生活の基本となる集団活動である。学級活動（以下ホームルーム省略）で育てたい「望ましい人間関係」とは、豊かで楽しい学級生活をつくっていくため、相互に尊重し、認め合えるような人間関係である。そのことが、例えば小学校では今次改訂で、低学年は「仲良く助け合う」、中学年は「協力し合って」、高学年は「信頼し支え合って」というように、人間関係の育

成を図ることが重視された。

　学級活動で育てたい「自主的、実践的な態度」とは、目標をもって学級の一員として、よりよい生活を築いていこうと役割や責任を果たしていくこと。生活や学習にかかわる諸問題に自己を生かしたり、話し合ったり協力して解決すること。また、それらのことを通して、自己の生き方を考えたり深めたりしていく自主的、実践的な態度である。そのことが、今次改訂で低学年は「学級生活を楽しくする」、中学年は「楽しい学級生活をつくる」、高学年は「楽しく豊かな学級や学校の生活をつくる」という、自主的、実践的な態度の育成を図ることが重視されている。

　学級活動で育てたい「健全な生活態度」とは、日常生活に必要な行動の仕方を身に付け、集団の中で正しく生かそうとする態度である。また、学級活動の内容「(2)ア〜キ」に示されている「日常の生活や学習への適応及び健康安全」など心身の健康を増進することや、それらに対して自ら取り組もうとする強い意志をもって努力することである。

2. 基本的な考えと内容

(1) 小学校

　従前の学級活動は、内容が一文で次のように示されていた。

> 　学級活動においては、学級を単位として、学級や学校の生活の充実と向上を図り、健全な生活態度の育成に資する活動を行うこと。

　そして、(1)学級や学校の生活の充実と向上に関すること、(2)日常の生活や学習への適応及び健康や安全に関すること、の2つの観点が示されていた。今回の改訂では、前記「学級活動」の目標が規定されたほかに内容についてよりきめ細かく、低・中・高学年別に示された。

　それは、改善のための課題で「各内容の目標がなく何を育てるか不明確」や「学級活動がまとめて示されて、発達や学年課題への対応が不十分、適切な活動が行われにくい」と指摘されたことへの具体的な対応であるといえる。

　学級活動の内容については、学習指導要領において、〔第1学年及び第2学年〕、〔第3学年及び第4学年〕、〔第5学年及び第6学年〕に分けて、以下にように示している。

〔第1学年及び第2学年〕

> 学級を単位として、仲良く助け合い学級生活を楽しくするとともに、日常の生活や学習に進んで取り組もうとする態度の育成に資する活動を行うこと。

〔第3学年及び第4学年〕

> 学級を単位として、協力し合って楽しい学級生活をつくるとともに、日常の生活や学習に意欲的に取り組もうとする態度の育成に資する活動を行うこと。

〔第5学年及び第6学年〕

> 学級を単位として、信頼し支え合って楽しく豊かな学級や学校の生活をつくるとともに、日常の生活や学習に自主的に取り組もうとする態度の向上に資する活動を行うこと。

以上のように示された「内容」について検討してみる。

内容のキーワード（アンダーライン部分）を挙げてみると、低学年「仲良く助け合い、進んで」、中学年「協力し合って、意欲的に」、高学年「信頼し支え合って、自主的に」が捉えられる。発達段階に応じて、自分自身から出発して周囲の人に及んでいく内容の高まりを、活動の内容としていることを十分に汲み取って考慮していくことが大切である。

学級活動の指導に当たっては、発達段階に応じてまずこれらの内容を十分に踏まえたうえで指導に当たることが必要である。

例えば、小学校入学当初における指導では、就学前教育との接続を充分考慮して（「スタートカリキュラム」）諸課題に対応することや、中学校入学前における接続の課題（「中1ギャップ」）や小中の連携による学業や進路などの内容を計画的に指導していくことなどが考えられる。

(2) 共通事項

従前は、学級活動の内容(1) (2)として、一文で示されていたものであるが、今次改訂では柱立てが明確になり、活動・指導内容が項目で具体的に示された。

> ①　学級や学校の生活づくり
> 　ア．学級や学校における生活上の諸問題の解決
> 　イ．学級内の組織づくりや仕事の分担処理
> 　ウ．学校における多様な集団の生活の向上
> ②　日常の生活や学習への適応及び健康安全
> 　ア．希望や目標をもって生きる態度の形成
> 　イ．基本的な生活習慣の形成
> 　ウ．望ましい人間関係の形成
> 　エ．清掃などの当番活動等の役割と働くことの意義の理解
> 　オ．学校図書館の利用
> 　カ．心身ともに健康で安全な生活態度の形成
> 　キ．食育の観点を踏まえた学校給食と望ましい食習慣の形成

① 学級や学校の生活づくり

ア．学級や学校における生活上の諸問題の解決

　日常、学校では「学級会」と呼ばれている。学級や学校の生活の充実や向上を図るための諸問題を解決するために、話し合いや決まったことの実践活動が行われる。例えば、学級目標やルールづくり、楽しい学級生活のための集会活動の計画や実行、児童会代表委員会への学級としての意見の提案等が考えられる。

　その際、指導する教師は、児童の発意や発想を取り上げていくことが大切であり、実際に実行するなど自主的に活動するための適切な時間数を確保する必要がある。

イ．学級内の組織づくりや仕事の分担処理

　学級や学校での生活を充実し向上させるために、必要となる学級内の組織づくりや仕事分担を児童自身が見つけ出し、協力していこうとする活動である。例えば、学級会の話し合い活動で、スムースな進行のために計画委員や運営委員による議題の選択や進行。また、学級生活を豊かにする係活動の組織づくりや運営。各種当番活動の運営などが考えられる。

　いずれにしても、それらの組織が機能し、活発な活動が展開されることにより学級生活の充実と向上が期待できるのである。

ウ．学校における多様な集団の生活の向上

　今次改訂で新たに追加されたものである。このことは、学級活動が学級にかかわる活動のみでなく、集団の一員として「多様な集団」に所属

していることから、他集団の所属の活動をこの学級活動で取り組むということを示しているものである。

例えば、学校行事などで行う全校を挙げての取り組みを自発的に活動することや、他校・他施設などとの交流の一部として活動に取り組むことなども考えられる。その内容としては、集団生活をよりよくするための計画や、運営についての話し合い、集団生活のために進んで尽くしたり、リーダーシップを発揮しようとしたりする話し合い、互いのよさや可能性を生かして役割分担するなどの話し合いがある。

② 日常の生活や学習への適応及び健康安全
ア．希望や目標をもって生きる態度の形成

児童が自分自身に自信をもち、現在と将来の生活や学習によりよく適応して、自分を生かそうとする生活態度を育てることがたいへん重要である。成長段階での校種間のギャップによる不適応問題にも配慮することが必要である。

この指導では、児童が自分に気付くことや自己決定を促す適切な情報や資料を提供すること。また、心の健康や健全な人間関係を醸成することが大切である。具体的には、学校生活への希望や願い、目標の設定、不安や悩みの解消、自分の役割の自覚、自己理解や個性伸長、学習態度の形成、余暇活動の活用等々が考えられる。

例えば、「エ」のキャリア教育と関連して、働く意義や自分の将来の夢から今自分自身に何が必要か。また、これから先のステップを自分で描いてみることによって漠然としたことから、自分の努力の方向性が少しずつでも明確になり、希望をもって生きることができるようになるであろう。

イ．基本的な生活習慣の形成

自分の持ち物の整理や整頓、衣服の着脱、あいさつや言葉遣い等、基本的な生活習慣にかかわる問題については、幼稚園・保育所との連携を密にし、接続を十分に配慮し児童の実態を考慮して指導することが大切である。特に、入学直後の1年生にとっては、大集団へ所属することの精神的な負担が大きいため、十分配慮し「スタートカリキュラム」を通して、ゆとりをもって指導することが必要である。

また、他の学年では、発達に即して具体的な資料や題材を活用して、理解が実感できるようにし、日常の生活に生かされていくようにすることが大切である。

ウ．望ましい人間関係の形成

　昨今の子どもたちに見られる問題行動として、いじめをはじめとして、暴力や窃盗、不登校等さまざまな問題が指摘されている。これは、家庭や地域社会における子どもの人間関係の希薄化により、対人関係のあり方が習熟できていないことに起因していると考えられる。

　そこで、このような問題を解消し児童の健全育成を図るためには、多様な人間関係を経験させることが必要となってくる。特に、学校生活において、教師と児童、児童相互に信頼や尊敬、親愛や協力等の、人間関係としての基盤が大切である。それがあって、初めて所属意識や連帯感・一体感が醸し出されるのである。

　そのために教師は、就学前の人間関係や道徳との関連を図った授業の工夫、日常的に児童一人一人との人間関係を保つこと、適切に取り上げて効果的に指導することが必要である。また、より大きな人権尊重の視点からも適切に指導することが大切である。

　例えば、学級活動の題材として、「友達と仲良く・仲直り・男女の協力・互いのよさの発見・違いを認め合う、よい言葉悪い言葉、親友をつくろう」のようなことが考えられる。また、上学年になると委員会活動やクラブ活動、学校行事等で活動する。そこにも「望ましい人間関係」が示されていることから、そこでの活動を学級活動で適切に取り上げていくことも、望ましい人間関係を形成することにつながっていく。

エ．清掃などの当番活動等の役割と働くことの意義の理解

　今次改訂で新たに追加されたものである。義務としての役割分担を果たすという消極的な活動でなく、当番活動の役割や働くことの意義を十分に理解させるとともに、学級や学校に貢献していることが実感できるように指導することが大切である。これらに充てる時間は、朝や帰りの時間、活動している時間が主となるが、学級活動の時間でも適切・計画的に取り上げて指導することが必要である。

　例えば、清掃・給食・日直等の当番活動や飼育・栽培・学級新聞等の係活動、地域でのボランティア活動等の具体的な内容を取り上げていくことが大切である。今次改訂で、「キャリア教育」の一環としての位置付けがなされた。働くことの大切さや意義を理解させる具体的な指導を通して、望ましい勤労観・職業観を育てていくことは、内容「ア」につながっていくことになる。

オ．学校図書館の利用

　今次改訂の大きな柱の一つである「言語活動の充実」という観点も踏

まえて、各教科等の指導との関連を図っていくことや、学校図書館において具体的に利用・活用の仕方について実践的に活動させていくことである。また、日常の読書指導や学習において学校図書館を活用する態度の育成に努めていくことが大切である。その際、司書教諭や図書館にかかわる関係者の協力を得ていくことが必要である。

　例えば、司書教諭から図書館の仕組みや活用方法を学ぶことがある。また、社会科の授業でデータを収集する際に、助言を受けて図書館にある年鑑類や資料類から適切なものを探し、そこから考えたことを授業で発表する。このことから、図書館にはさまざまな情報があることが分かり、適切な活用にとつながっていくことになる。

カ．心身ともに健康で安全な生活態度の形成

　この内容は、学校の全教育活動を通じて総合的に行われるものであるが、学級活動の特質上から取り上げていく必要がある。保健指導面からは、心身の発育・発達、心身の健康を高める生活、健康と環境とのかかわり、病気の予防、心の健康等、児童が自分の健康状態に関心をもつこと。また、日常それらの問題を自ら見付け・判断し・処理できる能力や態度の育成などの内容が考えられる。

　この中で、心身の発育・発達の指導については、発達段階を踏まえることや学校全体の共通理解と養護教諭のかかわりを考慮すること。また、家庭との連携・協力に配慮する必要がある。

　安全指導面からは、身の回りの安全、交通安全、防災、危険予測と回避等自他の生命尊重や安全な行動のできる能力や態度の育成などの内容が考えられる。これら両指導については、地域の関連団体との協力を得て行われる、防犯教室、交通安全教室、健康教室、避難訓練等の学校行事と関連付けて適切に行われることが重要である。

　例えば、学校行事で不審者侵入の対応について、警察署や地域自治会の安全委員の協力で全体指導を実施し、基本的な防犯について理解した後、学級活動で具体的なさまざまな対応について指導していくことにより、定着が図られるであろう。

キ．食育の観点を踏まえた学校給食と望ましい食習慣の形成

　「食育の観点」（「食育基本法」平成18年3月）すなわち、「自分の健康の大切さ」を十分に考えられるような視点に立って指導していくことが必要である。学校での「食育」は、学校教育全体で指導することであるが、給食の時間がその中心的な指導の場となる。そこでは、楽しく食事をすることから始まり、健康によい食事、給食時の清潔、食事環境の整

備、望ましい食習慣の形成、食事を通しての望ましい人間関係、給食の準備から後片付け等を計画的・継続的に指導する必要がある。また、心身の健康に関する内容のみならず、自然の恵みへの感謝、食文化・食糧事情なども教科等の指導と関連を図りつつ指導を行うことが重要である。

　これらの指導については、学級活動の授業時数には充てず、給食の時間を中心に指導するが学級活動の時間でも取り上げて、その特質を踏まえて計画的に指導する必要もある。その際には、栄養教諭や学校栄養職員などの協力を得ることが必要である。

(3) 中学校・高等学校
　中学校・高等学校の内容については、

> 　学校における生徒の基礎的な集団として編成した（高のみ）学級（ホームルーム）を単位として、学級（ホームルーム）や学校の生活の充実と向上、生徒が直面する諸課題への対応に資する活動を行うこと。

とし、従前内容の一文記述の一部が省略されるとともに、具体的な活動内容が小・中同様に3観点で以下のように示された。ここでは、中学校・高等学校の内容の項目を示すにとどめた。

(1) 学級（ホームルーム）や学校の生活づくり
　　ア．学級（ホームルーム）や学校における生活上の諸問題の解決
　　イ．学級内の組織づくりや仕事の分担処理（中）
　　　　ホームルーム内の組織づくりと自主的な活動（高）
　　ウ．学校における多様な集団の生活の向上
(2) 適応と成長及び健康安全（中：中学校　高：高等学校）
　　ア．中：思春期の不安や悩みとその解決
　　　　高：青年期の悩みや課題とその解決
　　イ．中：自己及び他者の個性の理解と尊重
　　　　高：同
　　ウ．中：社会の一員としての自覚と責任
　　　　高：社会生活における役割の自覚と自己責任
　　エ．中：男女相互の理解と協力
　　　　高：同
　　オ．中：望ましい人間関係の確立
　　　　高：コミュニケーション能力の育成と人間関係の確立

カ．中：ボランティア活動の意義の理解と参加
　　　　高：ボランティア活動の意義の理解と参画
　　キ．中：心身ともに健康で安全な生活態度や習慣の形成
　　　　高：国際理解と国際交流
　　ク．中：性的な発達への適応
　　　　高：心身の健康と健全な生活態度や規律ある習慣の確立
　　ケ．中：食育の観点を踏まえた学校給食と望ましい食習慣の形成
　　　　高：生命の尊重と安全な生活態度や規律ある習慣の確立

(3) 学業と進路

　高校のウ「教科・科目の適切な選択」のみが独自である他は、若干の表現の違いはあるものの、中・高ほぼ同様の内容が示されている。従前、学級（ホームルーム）活動では、「将来へ向けて・働く意欲」については「社会の一員としての在り方生き方」、「将来の生き方と進路の適切な……」としか示されてなかった。しかし、今次改訂では課題として挙げられている「働く意欲」にかかわる具体的な記述として、小・中ともに(2)のウ、(3)のア、ウ、エ、オに示された。
　それぞれの発達段階に応じた適切な体験・経験を通していくことが求められる。

　　ア．中：学ぶこと働くことの意義の理解
　　　　高：同
　　イ．中：自主的な学習態度の形成と学校図書館の利用
　　　　高：主体的な学習態度の確立と学校図書館の利用
　　ウ．中：進路適性の吟味と進路情報の活用
　　　　高：教科・科目の適切な選択
　　エ．中：望ましい勤労観・職業観の形成
　　　　高：進路適性の理解と進路情報の活用
　　オ．中：主体的な進路の選択と将来設計
　　　　高：望ましい勤労観・職業観の確立
　　カ．高：主体的な進路の選択決定と将来設計

第2節　児童会・生徒会活動

1. 目標

　従前は、目標は定められていず、内容のみが示されていた。今次改訂

第3章

で、児童会（生徒会）活動の目標が小学校、中学校、高等学校学習指導要領には、以下のように示されている。

> 児童（生徒）会活動を通して、望ましい人間関係を形成し、集団（や社会）の一員としてよりよい学校生活づくりに参画し、協力して諸問題を解決しようとする自主的、実践的な態度を育てる。（カッコ内は中学・高校）

この改善の意義を小学校でみると、児童会活動を通して育てたい態度や能力を明確にして目標に示したこと、と捉えることができるであろう。特に、年齢が異なる児童同士の人間関係を築き、楽しい生活をつくるなど自分たちの学校生活の向上を目指して、進んで話し合い、協力して実現しようとする自主的、実践的な態度の育成が重視されてきたのである。

2．基本的な考えと内容

今回の改訂では、従前一文で示されていた内容の一部の文言が削除されるとともに、具体的内容が以下のように示された。

> 学校の全校児童（生徒）をもって組織する児童会（生徒会）において、学校生活の充実と向上を図る活動を行うこと。

そして、より内容を明確にし、活動の充実を図るために新たに以下の内容が示された。

> 〈小学校〉
> (1) 児童会の計画や運営
> (2) 異年齢集団による交流
> (3) 学校行事への協力
>
> 〈中・高等学校〉
> (1) 生徒会の計画や運営
> (2) 異年齢集団による交流
> (3) 生徒の諸活動についての連絡調整
> (4) 学校行事への協力
> (5) ボランティア活動などの社会参加（参画―高校）

よりよい人間関係を築くための「異年齢集団による交流」の充実をより一層図っていくこと。また、今次改訂の第1章「総則」第1の1に新たに追加された「……児童の言語活動を充実……」の観点から、諸体験

活動を通して気付いたことなどを振り返り、まとめたり、発表し合ったりするなどの活動をより充実するよう工夫することが求められている。以下では、内容に示された3項目について捉えていく。

(1) 児童会の計画や運営

　教師の適切な指導の下で、児童が自発的、自治的な児童会活動を展開することが大切である。そのためには、年間・学期・月毎に活動計画を立て、役割を分担し協力して児童会活動の目標の実現に向かっていくようにすることである。その際には、高学年の児童が中心となって、話し合い、意見を取りまとめ・計画立案や運営に当たるようにする。

　また、教師は児童の発意や発想を生かしつつ、委員会活動や代表委員会活動・児童会集会活動等に適切な指導助言をし、児童がより豊かで楽しい学校生活になるようにしていくことが大切である。それとともに、児童会活動においては、学級会やクラブ活動等との相互連携や協力を図って学校生活の充実と向上を目指していくことが大切である。

　例えば、児童会活動の代表委員会活動で、学校生活上の諸問題を各学級会で話し合って持ち寄り、解決を図ることや、クラブ活動の成果の発表方法等を話し合うことなどもあろう。

(2) 異年齢集団による交流

　異年齢集団による交流とは、児童集会活動や学校行事等、学年や学級の異なる他者との触れ合いや交流を通して、望ましい人間関係を深めていく活動である。例えば、学期ごとに時間を設定しての全校児童集会活動、昼休みの縦割り遊び、児童朝会、クラブ発表会等がある。児童会活動以外にも、学校行事でのブロック遠足、交流給食会、居住地域の清掃活動、生活科で2年生が1年生を案内する学校探検、幼稚園・保育園や中学校との交流、地域のお年寄りとの交流等さまざまなものがある。

　大切なことは、異年齢集団による交流のよさを十分に考慮して、計画的に運営できるようにすることである。

(3) 学校行事への協力

　教師の指導の下で、児童が各種学校行事の特質に応じて、計画の一部を担当する、児童会の組織を活用して学校行事の展開で協力し活動することなどが考えられる。例えば、学年を超えて行う学校行事の学習発表会では、全体のテーマや発表の仕方、進行を児童会代表委員会で話し合

うとともに、各委員会で分担して担当する。運動会においては、放送委員会が進行や種目紹介・BGM等の役割を果たす、体育委員会が準備の役割を果たすこと等、それぞれの委員会が活動の特徴を生かして役割分担をし、円滑に運動会が実施できるようにすることがある。

学校行事は、示された5つの内容から見て、直接的に自発的・自治的な活動を示すものではないが、児童の積極的な参加を促す手立てにより、さらなる充実が期待できるのである。

第3節　クラブ活動（小学校）・部活動（中・高校）

クラブ活動は、昭和33年の学習指導要領の改訂から小・中学校、高等学校において実施されてきた。平成10年の学習指導要領の改訂において、中学校、高等学校におけるクラブ活動は廃止された。平成20年3月に告示された今回の学習指導要領改訂では、前回と同様に小学校のみがクラブ活動を実施することになっている。

なお、部活動（中学校、高校学校）については、学校教育の一環として、教育課程との関連を図る必要がある。

1．目標

(1) クラブ活動

小学校学習指導要領では、クラブ活動の目標は第6章の第2の〔クラブ活動〕の「1目標」で次のように示している。

> クラブ活動を通して、望ましい人間関係を形成し、個性の伸長を図り、集団の一員として協力してよりよいクラブづくりに参画しようとする自主的、実践的な態度を育てる。

クラブ活動は、主として第4学年以上の同好の児童をもって組織し、学年や学級を離れて、共通の興味・関心を追求する活動である。今回の改訂の重要なポイントである「望ましい人間関係を形成し」は、クラブ活動においても強調されている。

担当する教職員は、児童の発達の段階や経験の差をよく理解し、それぞれのよさに目を向けて励ましながら活動を進めることが大切である。そうすることによって、高学年の児童がリーダーとなって、学年や学級

が異なる児童が互いに励まし合う、協力的で信頼し合う集団を形成するようになるのである。さらには、「個性の伸長を図り」の観点からは、児童が自分の興味・関心にかかわるよさや可能性に気付き、理解し、自他のよさや可能性を互いに認め合い、よりよく伸ばすとともに、自分への自信を高め、現在及び将来の生活や学習に積極的に生かしていくことができるようにすることが求められている。

「集団の一員として協力してよりよいクラブづくりに参画しようとする自主的、実践的な態度を育てる」とは、共通の興味・関心を追求するために、目標をもち、クラブの一員としてよりよいクラブづくりに寄与するための役割や責任を果たし、自己をよりよく生かして活動することについて、児童自身が意識して努力するなど、自ら主体的に取り組むなどの自主的、実践的な態度を育てることである。また、みんなで話し合い協力して活動したり、異年齢における望ましい人間関係を築いたり、集団の一員としての自己の生き方についての考えを深めたりすることについて、児童自身が努力するなど、自ら主体的に取り組む自主的、実践的な態度を育てることである。

(2) 部活動

中学校学習指導要領（及び高等学校学習指導要領）第1章「総則」の第4指導計画の作成に当たって配慮すべき事項の(13)において、

> 生徒の自主的、自発的な参加により行われる部活動においては、スポーツや文化及び科学等に親しませ、学習意欲の向上や責任感、連帯感の涵養等に資するものであり、学校教育の一環として、教育課程との関連が図られるよう留意すること。その際、地域や学校の実態に応じ、地域の人々の協力、社会教育施設や社会教育関係団体等の各種団体との連携などの運営上の工夫を行うようにすること。

と、新たに規定された。（高等学校学習指導要領では、第1章「総則」の第5款教育課程の編成・実施に当たって配慮すべき事項の5教育課程の実施等に当たって配慮すべき事項の(13)で中学校と同様に規定されている。）

このことは、平成20年1月の中央教育審議会答申で、「生徒の自発的・自主的な活動として行われている部活動について、学校教育活動の一環としてこれまで中学校教育において果たして来た意義や役割を踏まえ、

教育課程に関連する事項として、学習指導要領に記述することが必要である」との指摘がなされたことによっている。

上記の規定は、

① スポーツや文化及び科学等に親しませ、学習意欲の向上や責任感、連帯感の涵養、互いに協力し合って友情を深めるといった好ましい人間関係の形成等に資するものであるとの意義

② 部活動は、教育課程において学習したことなども踏まえ、自らの適性や興味・関心等をより深く追求していく機会であることから、各教科等の目標及び内容との関係にも配慮しつつ、生徒自身が教育課程において学習する内容について改めてその大切さを認識するよう促すなど、学校教育の一環として教育課程との関連が図られるようにするという留意点

③ 地域や学校の実態に応じ、スポーツや文化及び科学等の指導者など、地域の人々の協力、体育館や公民館などの社会教育施設や地域のスポーツクラブといった社会教育団体等の各種団体との連携など、の運営上の工夫を行うとの配慮事項

をそれぞれ規定したものである。

2．内容

(1) クラブ活動

小学校学習指導要領では、クラブ活動の内容について第6章の第2の〔クラブ活動〕の「2内容」で次のように示している。

> 学年や学級の所属を離れ、主として第4学年以上の同好の児童をもって組織するクラブにおいて、異年齢集団の交流を深め、共通の興味・関心を追求する活動を行うこと。
> (1) クラブの計画や運営
> (2) クラブを楽しむ活動
> (3) クラブの成果の発表

旧小学校学習指導要領におけるクラブ活動では、「……共通の興味・関心を追求する活動を行うこと」とあった。今次の改訂では、上記のように、楽しむ活動を中心として、そのための計画や運営、さらには成果の発表と児童にとって充実した魅力のあるクラブ活動が期待される。

「クラブの計画や運営」については、教師の適切な指導の下に自発的、自治的な活動として行う。児童が活動計画を立て、役割を分担し、協力して運営できるよう助言していくことが大切である。クラブ活動は、児童の話し合いによって運営されるものであるから、必要に応じてクラブ所属の全員が集まって計画や運営について話し合ったりすることが大切である。話し合いにより、意見の異なる人を説得したり、集団としての意見をまとめたりして異年齢の児童が協力し合って楽しく活動できるようにすることが望まれる。

「クラブを楽しむ活動」については、クラブ活動の時間のほとんどがこの活動に充てられることになる。児童が興味・関心をより深く追求していく喜びや計画したことが実現できた満足感、学級や学年が異なる仲間と協力して活動を進めることができた喜びなどが実感できるように指導することが大切である。また、みんなで話し合ってつくったきまりを守ったり、役割を交代して誰もが楽しむことができるようにすることが大切である。

この活動では、学校や地域の実態に応じてさまざまな活動が考えられるが、児童の第一希望を優先しつつ、指導者、活動場所や用具・器具、適性な人数などを十分に考慮し、児童が充実した活動を行うことができるようにすることが大切である。また、他のクラブや地域の人々、他の学校などとの交流を図るなどして、一層クラブを楽しむことができるようにすることも考えられる。

「クラブの成果の発表」とは、児童が、共通の興味・関心を追求してきた成果を、クラブの成員の発意・発想による計画に基づき、協力して全校の児童や地域の人々に発表する活動である。

クラブの成果の発表の機会としては、運動会や学芸会などの学校行事や児童会全校集会などの場での発表、校内放送や展示による日常の発表、そして年間の活動のまとめとして行う展示や映像、実演などの方法による発表が考えられる。

年度末に1年間のまとめとして行うクラブの成果の発表は、次年度にクラブを選択する際のオリエンテーションの機会として活用することも考えられる。

(2) 部活動

中学校、高等学校における部活動は、教育課程外ではあるが学校における重要な教育活動である。中学校の教育課程は、各教科、道徳、総合

的な学習の時間ならびに特別活動によって編成するが、その特別活動の中に部活動は含まれていない。しかしながら、生徒の人間形成にとって部活動の果たす役割は大きく、学校教育にとって欠かせないものである。

各学校において部活動を実施するに当たっては、学校教育目標の実現に向けて、生徒の実態や学校、地域の指導者の実態等に応じ、適切に工夫することが必要である。

部活動の例としては、
・陸上　・野球　・サッカー　・テニス　・バスケットボール
・バレーボール　・ハンドボール　・ラグビー　・ソフトボール
・剣道　・柔道　・弓道　・書道　・美術　・料理　・囲碁
・コンピュータ　・演劇　・茶道　・華道　・英会話
などが考えられるが、学校や地域の実態に応じて適切に、継続的に行われる必要がある。

3. 指導計画

(1) クラブ活動

クラブ活動の年間指導計画を作成するに当たっては、小学校学習指導要領第6章「特別活動」の第3、指導計画の作成と内容の取り扱いの1の(1)で、次のように示している。

> (1) 特別活動の全体計画や各活動・学校行事の年間指導計画の作成に当たっては、学校の創意工夫を生かすとともに、学級や学校の実態や児童の発達の段階などを考慮し、児童による自主的、実践的な活動が助長されるようにすること。また、各教科、道徳、外国語活動及び総合的な学習の時間などの指導との関連を図るとともに、家庭や地域の人々との連携、社会教育施設等の活用などを工夫すること。

クラブ活動については、ここに示したことを踏まえ、特に次のようなことに配慮して年間指導計画を作成する必要がある。

① 自主的、実践的な活動の推進

クラブ活動の指導計画については、児童数や学級数の多少、指導に当たる教職員の組織、施設、設備などの学校の実態などを考慮して、設置するクラブの数や人数、活動内容などを定めて指導計画を作成する必要がある。

例えば、児童数が少ない学校においては、第3学年や低学年からクラブ活動に参加できるようにしたり、人数に見合ったクラブの数を組織するなどの工夫をして、指導計画を作成することが大切である。
　さらに、地域の実態に即してクラブを組織することも大切である。例えば、近隣の老人クラブを生かして交流を楽しむクラブを設置したり、自然豊かな環境を生かして野外活動を楽しむクラブを設置したりすることが考えられる。
　クラブ活動においては、児童の発達の段階などを考慮することが大切である。具体的には、担当する教師が児童の発達的特徴、活動の要求や関心、自発的、自治的な活動の経験などを適切に捉え、それらに応じた指導ができるように計画することが欠かせない。
　ただ、児童の興味・関心とはいえ、小学校段階の児童は、まだ持続性が低く、人間関係等に影響されることも多いので、教師の適切な指導の下に自らの興味・関心に基づく活動が積極的に展開されるよう配慮することが求められる。
　クラブ活動は、異年齢集団の児童の自発的、自治的な実践活動を特質とする教育活動であるから、教師が作成する指導計画は、形式的、画一的、固定的なものではなく、具体的な内容、方法、時間などについて、あらかじめ基本的な枠組みを定めておき、実際の活動は、児童の手によって一層具体的な活動計画が立てられるような弾力的、融通性に富むものにすることが大切である。
　共通の興味・関心を追求するクラブ活動は、児童にとって魅力的であり、異年齢の仲間と協力しながら物事を深く追求していく楽しさや成功したときの満足感は、より充実した新たな活動への動機付けになる。
　なお、クラブ活動は教師の適切な指導の下に行われるものであり、指導する教師が不在の中で活動が行われることがないようにするとともに、準備や後片付けなど、教師の適切な指導の下に事故防止の指導を徹底するなど安全確保に十分な配慮が必要である。

② 各教科等の指導との関連
　各教科等で身に付けた能力などを、クラブ活動においてよりよく活用できるようにしたり、クラブ活動で身に付けた自主的、実践的な態度などを各教科等の学習に生かしたりすることである。
　クラブ活動の基盤は、学級や学校生活全体を通して培われる面が多い。そのため、各教科等の学習を中心としたさまざまな教育活動の中で、児童が自己の特性を生かしながら学級や学校の生活を送ることにより、ク

ラブ活動も活性化されるものである。

③　家庭や地域の人々との連携、社会教育施設等の活用などの工夫

　クラブ活動を効果的に展開するために、家庭や地域の人々の協力を得たり、社会教育施設を活用したりすることが大切である。

　例えば、地域のお囃子や踊りなどの伝統芸能や文化と関連付けて、外部講師や地域の教育力を活用したりするなど、地域の実態や特性を考慮して計画を作成することも考えられる。

　地域の施設や自然環境などを活用するため校外へ出て活動を行うクラブについては、児童の安全確保に努めるとともに、その教育的意義を明確にして指導計画を作成することが必要である。

④　クラブ活動の組織

　クラブ活動の組織に関して、小学校学習指導要領第6章の第3、指導計画の作成と内容の取り扱いの1の(3)で、次のように示している。

> (3)　〔クラブ活動〕については、学校や地域の実態等を考慮しつつ児童の興味・関心を踏まえて計画し実施できるようにすること。

　クラブの種類については、児童の興味・関心が多様化していることから、多方面にわたることが予想されるが、その活動が児童自らの手によって自主的に計画、運営される範囲内で考えなければならない。

　具体的なクラブの名称や数などは、それぞれの学校の実態に応じて決定されるものであるが、クラブ活動の設定については、次の諸点に配慮する必要がある。

ア．児童の興味・関心ができるだけ生かされる組織であること

　クラブ活動に対する正しい認識を育てる指導を充実するとともに、適切な時期を捉えて児童の希望を調査し、計画と指導に反映させることが大切である。

【組織編制の手順】

①クラブ選択の指導	・活動内容の紹介	（通年）
	・活動状況の見学	（2月）
⇩	・クラブ発表会への参加	（3月上旬）
	・クラブ活動一日体験	（3月上旬）
②クラブ所属希望調査（1次）		
⇩	児童の興味・関心	

③集計・分析・検討・設置案の作成
　　　⇩　　　　　　開設に向けて多方面から検討
④設置するクラブの決定と所属希望調査（2次）
　　　⇩　　　　　　第1希望優先
⑤所属の決定通知
　　　⇩　　　　　　第2希望の児童への配慮
⑥場所・指導者等の決定

【クラブ活動の種類例】
文化的な活動のクラブ
・習字　・演劇　・郷土　・合唱　・器楽　・絵画　・まんが
・手芸　・模型　・工作　・料理　・読書　・科学　・英会話
・囲碁　・将棋　・コンピュータ　・リコーダー　・和太鼓　など
体育的な活動のクラブ
・卓球　・陸上　・テニス　・サッカー　・ダンス　・バトン
・バスケットボール　・バドミントン　・ソフトボール　など
勤労生産・奉仕的な活動のクラブ
・園芸　・飼育　・環境　・手話　・福祉　・奉仕　など

イ．教科的な色彩の濃い活動を行うクラブ活動の組織にならないこと
　各教科等の延長としての活動や個人的な技能を高めることのみに終始するような活動であるならば、クラブ活動の目標から考え、望ましいものとはいえない。

ウ．学校や地域の実態に即した組織であること
　クラブ活動を組織するに当たっては、指導教師の数や学校の施設・設備及びその他の環境などを考慮するとともに、安全面に配慮するなど十分な検討が必要である。

⑤　その他の配慮事項
ア．全校の教師により作成すること
　クラブ活動の指導は、全教師の共通理解や指導姿勢を基盤として行う必要がある。したがって、指導計画の作成においても、全教師の協力を得て、毎年よりよい指導計画につくり替えていくことが望まれる。

イ．年間計画に示す内容
　クラブ活動の年間指導計画に示す内容には、例えば、次のものが考えられる。
　　○学校におけるクラブ活動の目標

○クラブの組織と構成
○活動時間の設定
○年間に予想される主な活動
○活動に必要な備品、消耗品
○活動場所
○指導上の留意点
○クラブを指導する教師の指導体制
○評価の観点○○○○○○○○○○○○など

　クラブ活動における指導の目標を明確にし、具体的な計画を示すことが望ましい。指導計画は、児童の自発的、自治的な活動を育てる基本的な枠組みであるから、その活動に先立って、児童とともに、一層具体的な活動計画にする必要がある。計画段階から教師の適切な指導助言を行い、自主的で創意工夫に満ちた実践活動が期待される。

ウ．実施学年

　クラブ活動は、主として第4学年以上の児童による活動であるが、小規模校においては第3学年以下の学年からの実施も考えられる。

エ．クラブへの所属

　児童は、その学年において同一クラブに所属して活動することを原則とすることが望ましい。しかし、児童によっては、当初の興味・関心を持続できなかったり、人間関係がうまくいかなかったりして、途中でクラブの変更を希望してくることがある。このような児童については、所属するクラブを継続することによって、興味・関心や活動意欲が再び高まることもあることに留意した指導を行ったり、好ましい人間関係を構築するよう励ましたりすることが大切であるが、事情によっては、適当な機会にその変更を認めるような配慮も必要である。

オ．時間の取り方

　クラブ活動の授業時数等の取り扱いについては、学習指導要領第1章「総則」の第3の2で、次のように示している。

　特別活動の授業のうち、児童会活動、クラブ活動及び学校行事については、それらの内容に応じ、年間、学期ごと、月ごとに適切な授業時数を充てるものとする。

　クラブ活動の時間の取り方については、学習指導要領第6章の第3、指導計画の作成と内容の取り扱いの1の(3)に、「学校や地域の実態等を

考慮しつつ児童の興味・関心を踏まえて計画し実施できるようにすること。」と示されている。

したがって、各学校が必要と思われる授業時数を設定することになるが、「児童の興味・関心を踏まえて計画し実施できるようにする」と示されていることや、「総則」第3の2に「年間、学期ごと、月ごとに適切な授業時数を充てるものとする」と示されていることの趣旨を十分に踏まえることが大切である。「適切な授業時数」とは、クラブ活動の目標が十分に達成できるような授業時数であり、「(1)クラブの計画や運営」「(2)クラブを楽しむ活動」「(3)クラブの成果の発表」の三つの内容が効果的に行える授業時数のことである。このことを踏まえて、クラブ活動を通して児童の自主的、実践的な態度を育成するのに必要な適切な授業時数を充てるとともに、時間割表に明確に位置付けて児童の興味・関心が持続し継続的に活動できるようにすることが大切である。

(2) 部活動

中学校、高等学校における部活動は、教育課程には位置付けられてはいないものの、学校における重要な教育活動であり、生徒の人間形成に大きく貢献するものである。また、自らの興味・関心から自発的、積極的に入部希望をする生徒が多く、共通の目標に向かって協力し、励まし合って切磋琢磨し、成功感や成就感を味わい、一生の思い出となっている卒業生も多い。部活動を意図的、計画的に実施するに当たって、次のような配慮事項が考えられる。

① 一人一人の趣味や特技を育てるように努め、互いに協力し、友情を深める活動にするとともに、活動の成果が生活の中で生かされるようにする。
② 部の種類や数は、教育的な価値について十分に検討するとともに、生徒の希望、学校の伝統、施設・設備の実態、活動の見通し、指導者などを考慮して適切に定める。
③ 教師の適切な指導の下に、生徒の自発的・自治的な活動が展開されるようにする。
④ 各部の活動は、生徒たちの意思による活動計画を大切にしつつ教師の指導の下、時間、場所など適切に運営する。
⑤ 入部に当たっては、仮入部を行うなど生徒自身の興味・関心を尊重するとともに所属の変更等を弾力的に行い、生徒の活動意欲を高めるようにする。

⑥ 指導者を外部に依頼する場合には、技術面だけではなく、人格面にも優れた人材を確保する。

⑦ 事故や問題の未然防止については、日ごろから細心の注意を払うとともに、万一事故や問題が生じた場合には、迅速で適切な処置や対応、事後指導などに努める。

4. 内容の取り扱い

クラブ活動の内容の取り扱いについては、小学校学習指導要領第6章「特別活動」の第3、指導計画の作成と内容の取り扱い2の(1)には、次のように示されている。

> 〔学級活動〕、〔児童会活動〕、〔クラブ活動〕の指導については、指導内容の特質に応じて、教師の適切な指導の下に、児童の自発的、自治的な活動が効果的に展開されるようにするとともに、内容相互の関連を図るように工夫すること。また、よりよい生活を築くために集団としての意見をまとめるなど話し合い活動や自分たちできまりをつくって守る活動、人間関係を形成する力を養う活動などを充実するよう工夫すること。

(1) 児童の自発的、自治的な活動の効果的な展開

異年齢集団による自発的、自治的な実践活動を活発にするためには、クラブ活動を推進するための教師の指導体制を確立し、担当するクラブの児童に積極的にかかわり、常に児童自身がクラブを楽しむために、創意工夫をしたり、協力して役割を分担したりするなど、楽しいクラブづくりに進んで参画できるよう組織的な指導に努める必要がある。

その際、高学年の児童であっても未熟な面を多分にもっていることから、教師の適切な指導の下に、下学年の思いや願いを理解できるよう配慮する必要がある。また、目標を達成するのにふさわしい内容となるよう指導するとともに、児童の過重負担にならないよう配慮する必要がある。児童の手で実践できない活動など、児童の自治的な活動として任すことのできない条件を明確にして指導に当たる必要がある。

(2) 内容相互の関連

クラブ活動における「内容相互の関連を図るよう工夫する」とは、共通の特質をもつ学級活動や児童会活動の指導との関連を図って、全体と

しての児童の自発的、自治的な活動が一層効果的に展開できるようにすることである。特に、学級活動においては、児童に発達の段階に即してクラブ活動の目標や内容などについて理解できるようにしたり、目標をもってクラブ活動が効果的に展開できるようにすることが望ましい。

(3) 人間関係形成力を養う活動の充実

学年や学級を超えた異年齢集団によって行われるクラブ活動は、上級生が下級生に対して思いやりの気持ちをもって接し、下級生が上級生に尊敬の気持ちをもって接することにより、協力的で望ましい人間関係を築くのに絶好の場である。

今次の学習指導要領の改訂において、特別活動の目標に新たに加わった文言に「人間関係」(小・中・高)がある。こうしたキーワードが加わった背景には、好ましい人間関係が築けない子どもたちや社会性が身に付いていない子どもたちの課題、ニートやフリーターといった若者の増加などが挙げられる。クラブ活動は、共通の興味・関心をもった児童集団であるから、共通の目標に向かい、協力し合い、議論して、切磋琢磨していく過程で成就感や達成感、協調性などを味わい、人間関係を学び、社会性を身に付け、自らの将来に対する夢や希望の実現に向けた取り組みを行うのに絶好の機会である。

児童の創意工夫によって運営されるクラブ活動は、学校週5日制の下で、日常の生活において余暇を有効に活用しようとする積極的な態度を身に付けることにも役立つものである。また、同好の友人と共通の興味・関心を追求するクラブ活動は、児童が学校を離れて地域においても学校での活動を発展的に行うことができる面をもち、地域社会の人材や施設、さまざまな活動との連携を図った地域における活動として展開される可能性をもっている。

また、地域における人間関係が希薄化している現状からも、中学校生活への円滑な接続を図るうえでも、クラブ活動を通した異年齢の望ましい人間関係を形成する体験は貴重な機会となるのである。

第4節　学校行事

1. 目標

今回の学習指導要領の改訂で、小・中学校における〔学校行事〕の目

標は、小学校、中学校ともに同文であり、次のように示している。

　小学校学習指導要領では、第6章「特別活動」の第2、各活動・学校行事の目標及び内容の〔学校行事〕1目標で示し、中学校学習指導要領では、同様に第5章「特別活動」の第2、各活動・学校行事の目標及び内容の〔学校行事〕1目標で示している。

> 　学校行事を通して、望ましい人間関係を形成し、集団への所属感や連帯感を深め、公共の精神を養い、協力してよりよい学校生活を築こうとする自主的、実践的な態度を育てる。

　高等学校においては、高等学校学習指導要領第5章「特別活動」の第2、各活動・学校行事の目標及び内容の〔学校行事〕1目標で示している。

　小学校、中学校と異なる点は「……協力してよりよい学校生活や社会生活を築こうとする……」の社会生活を築こうとする自主的、実践的な態度の育成というところであり、その発達の段階から、より社会との関連を重視している。

　学校行事で育てたい「望ましい人間関係」とは、全校または学年という大きな集団において、学校生活を豊かな実りあるものにするために、児童生徒が学級を超えたさまざまな児童生徒と主体的にかかわることである。そして、喜びや苦労を分かち合いながら、共通の目標を達成しようとするなど、共に協力し、信頼し、支え合おうとする人間関係である。また、地域のさまざまな人々との触れ合い、職場体験やボランティア活動などの社会体験などを通して、他者を尊重し、共によりよい集団生活や社会生活築いていこうとする人間関係である。

　学校行事で育てたい「自主的、実践的な態度」とは、教師の意図的、計画的な指導の下に、児童生徒が自ら目標をもち、学校や社会の一員としての役割や責任を果たし、集団行動における望ましい態度など、人間としての生き方についての自覚を深めるとともに、自己を生かし、協力してよりよい学校生活を築き、発展させようとする自主的、実践的な態度である。高等学校においては、さらに一歩進めて、社会的に自立しようとする態度を含め、人間としての在り方や生き方についての自覚を深めるとともに、学校や地域、社会などの実生活のさまざまな場面において自己を生かし、協力してよりよく発展させようとする自主的、実践的な態度である。

2．内容

学校行事の内容は、小学校、中学校、高等学校ともに5種類の行事を示している。

> 全校又は学年を単位として、学校生活に秩序と変化を与え、学校生活の充実と発展に資する体験的な活動を行うこと。
> (1) 儀式的行事
> (2) 文化的行事
> (3) 健康安全・体育的行事
> (4) 遠足・集団宿泊的行事
> (5) 勤労生産・奉仕的行事

（中・高等学校では(4)の遠足が旅行となっている。また、高等学校では、前文で「全校若しくは学年またはそれらに準ずる集団を単位として、」となっている。）

この「学校生活に秩序と変化を与え」や「体験的な活動」は、他の教育活動では容易に得られない教育的価値を実現する内容としての学校行事の特質を述べたものである。特に、学校行事におけるさまざまな感動体験の場は、児童生徒の心を育て、自己の生き方の考え・自覚を深めるよい機会になるとともに、学級集団はもとより学年や全校の集団を育成するうえでも効果的な場となる。

学校生活は、児童生徒にとって魅力があり、楽しく充実したものであるべきであり、学校行事の果たす役割も大きい。学校行事に参加したことや学級や学校の一員としての役割を果たしたことなどが、所属感や連帯感を深め、自分への自信を高めたり、学校生活の楽しさや満足度に大きく貢献したりすることが多い。

(1) 儀式的行事

儀式的行事のねらいと内容は、小学校、中学校、高等学校ともに学習指導要領では次のように示している。

> 学校生活に有意義な変化や折り目を付け、厳粛で清新な気分を味わい、新しい生活の展開への動機付けとなるような活動を行うこと。

77

児童生徒の学校生活に一つの転機を与え、児童生徒が相互に祝い励まし合って喜びを共にし、決意も新たに新しい生活への希望や意欲をもてるような動機付けを行い、学校、社会、国家などへの所属感を深めるとともに、厳かな機会を通して集団の場における規律、気品のある態度を育て、公共の精神を養う。

儀式的行事は、一般的に全校の児童生徒及び教職員が一堂に会して行う教育活動であり、その内容には、入学式、卒業式、始業式、終業式、終了式、開校記念に関する儀式、着任式、離任式、朝会などが考えられる。

(2) 文化的行事

文化的行事のねらいと内容は、小学校、中学校ともに学習指導要領では次のように示している。

> 平素の学習活動の成果を発表し、その向上の意欲を一層高めたり、文化や芸術に親しんだりするような活動を行うこと。

高等学校においては、「平素の学習活動の成果を総合的に生かし……」となっている。このことは、生徒が各教科・科目で修得した知識や技能などをさらに深め、個性を伸ばし、自主性や創造性などを発揮することが望まれる。

児童生徒が学校生活を楽しく豊かなものにするため、互いに努力を認めながら協力して、美しいもの、よりよいものをつくり出し、互いに発表し合うことで、自他のよさを見つけ合う喜びを感得するとともに、自己の成長を振り返り、自己を一層伸長させようとする意欲を高めるようにする。また、美しいものや優れたもの、芸術的なもの、地域や我が国の伝統文化に触れることによって、豊かな情操を養うとともに、生涯にわたり、文化や芸術に親しんでいく態度や能力を育てることが重要である。高等学校においては、さらに深めて、文化や芸術の継承や創造に寄与する態度や能力を育てることを求めている。

文化的行事には、児童生徒が各教科などにおける日ごろの学習や活動の成果を総合的に発展させ、発表し合い、互いに鑑賞する行事と、外部の文化的な作品や催し物を鑑賞する行事とがある。前者には、学芸会(文化祭)、学習発表会、音楽会(合唱祭)、弁論大会、作品展示会、クラブ発表会などがあり、後者には、音楽鑑賞会、演劇鑑賞会、伝統芸能等の鑑賞会、講演会などが考えられる。

(3) 健康安全・体育的行事

　健康安全・体育的行事のねらいと内容は、小学校、中学校、高等学校ともに学習指導要領では次のように示している。

> 　心身の健全な発達や健康の保持増進などについての関心を高め（理解を深め）、安全な行動や規律ある集団行動の体得、運動に親しむ態度の育成、責任感や連帯感の涵養、体力の向上などに資するような活動を行うこと。
> 　　　　　　　　　　　　　　　　　　　　　（カッコ内は中学・高校）

　児童生徒自らが自己の発育や健康状態について関心をもち、心身の健康の保持増進に努めるとともに、身の回りの危険を予測・回避し、安全な生活に対する理解を深め、さらに、体育的な集団活動を通じて、心身ともに健全な生活の実践に必要な習慣や態度を育成する。また、児童生徒が運動に親しみ、楽しさを味わえるようにするとともに体力の向上を図る。

　中学校では、さらに一歩進めて、自他の生命尊重を自覚し、心身の健康や安全を確保するための適正な判断や対処をする能力を培うことを求めている。

　高等学校では、勉強に部活動に、あるいは趣味等にかかわって、生活のリズムが不規則になる傾向があることから、次のようなことも求められている。

　健康を保持増進するためには、食事、運動、休養及び睡眠の調和の取れた生活をすることが重要であることを自覚し、生徒が自己の発育、発達や健康の状態などを知り、それらの結果に基づいて、実際の生活の中で自主的、自律的に健康で安全な生活を送る意欲や態度を育成する。

　また、スポーツや運動については、中学校と同様に、体力・気力の充実など、心身の健全な発達に資するとともに、スポーツや運動に親しむ資質や能力を育て、生涯にわたって実践する習慣を身に付ける契機とするとともに、競争や共同の経験を通して、公正に行動し、進んで規則を守り、互いに協力して責任を果たすことなど、社会生活に必要な態度を養うことをねらいとしている。

　健康安全・体育的行事としては、健康診断や給食に関する意識を高めるなどの健康に関する行事、避難訓練や交通安全、防犯等の安全に関する行事、運動会（体育祭）や球技大会等の体育的な行事等が考えられる。中学校、高等学校等では、さらに薬物乱用防止指導、防災訓練なども考

えられる。

(4) 遠足・集団宿泊的行事

遠足・集団宿泊的行事のねらいと内容は、小学校学習指導要領では次のように示している。

> 自然の中での集団宿泊活動などの平素と異なる生活環境にあって、見聞を広め、自然や文化などに親しむとともに、人間関係などの集団生活の在り方や公衆道徳などについての望ましい体験を積むことができるような活動を行うこと。

中学校、高等学校では、(4)旅行・集団宿泊的行事となっている。内容的には、ほとんど小学校と変わらないが、「自然の中での集団宿泊などの」及び「人間関係などの」という例示がないだけである。このことは、小学校においては、児童の発達の段階、人間関係の希薄化、自然体験の減少など児童を取り巻く状況の変化を踏まえ、自然の中での集団宿泊活動を重点的に推進することを期待しているためである。

遠足（旅行）・集団宿泊的行事のねらいは、校外の豊かな自然や文化に触れる体験を通して、学校における学習活動を充実・発展させるとともに、校外における集団活動を通して、教師と児童生徒、児童生徒同士の人間的な触れ合いや信頼関係の大切さを経験し、楽しい思い出をつくることにある。

小学校では、集団生活を通して、基本的な生活習慣や公衆道徳などの体験を積み、互いを思いやり、共に協力し合ったりするなどの人間関係を築く態度を育てることにある。

中学校では、さらに一歩進めて、自律的な集団行動を通して、健康や安全、集団生活のきまりや社会生活上のルール、公衆道徳などについて望ましい体験を得ることにより、人間としての生き方についての自覚を深めることにある。また、高等学校では中学校に加え、人間としての在り方生き方についての自覚を深めることを求めている。

遠足（旅行）・集団宿泊的行事としては、遠足、修学旅行、野外教室、集団宿泊活動などが考えられるが、各学校の実態や児童生徒の発達の段階などを考慮して適切に設定する必要がある。

(5) 勤労生産・奉仕的行事

　勤労生産・奉仕的行事のねらいと内容は、小学校学習指導要領では次のように示している。

> 　勤労の尊さや生産の喜びを体得するとともに、ボランティア活動などの社会奉仕の精神を養う体験が得られるような活動を行うこと。

　中学校学習指導要領では次のように示している。

> 　勤労の尊さや創造することの喜びを体得し、職場体験などの職業や進路にかかわる啓発的な体験が得られるようにするとともに、共に助け合って生きることの喜びを体得し、ボランティア活動などの社会奉仕の精神を養う体験が得られるような活動を行うこと。

　高等学校学習指導要領では次のように示している。

> 　勤労の尊さや創造することの喜びを体得し、就業体験などの職業観の形成や進路の選択決定などに資する体験が得られるようにするとともに、共に助け合って生きることの喜びを体得し、ボランティア活動などの社会奉仕の精神を養う体験が得られるような活動を行うこと。

　勤労生産・奉仕的行事のねらいは、小学校、中学校、高等学校と発達の段階に応じてより高いねらいとなっている。
　小学校では、学校内外の生活の中で、勤労生産やボランティア精神を養う体験的な活動を経験することによって、勤労の価値や必要性を体得できるようにするとともに、自らを豊かにし、進んで他に奉仕しようとする態度を育てる。
　中学校、高等学校では、勤労生産・奉仕的行事にかかわるさまざまな体験活動を通して、勤労の尊さや意義を理解し、職業や進路の選択と社会的自立に必要な望ましい勤労観や職業観を身に付けたり、共に助け合って生きる人間として必要な社会奉仕の精神を身に付けたりするなど、人間としての在り方生き方についての自覚を深め、将来の社会人としての自立していくための態度と能力を育てることにある。また、勤労や社会奉仕の尊さを体験することを通して、創造する喜びや共に生きることの喜びを味わうとともに、生徒が相互に協力し合って実践し、優れた校

風や伝統に役立つことを求めている。

　勤労生産・奉仕的行事としては、小学校では、飼育栽培活動、校内美化活動、地域社会の清掃活動、公共施設等の清掃活動、福祉施設との交流活動などが考えられる。中学校では、職場体験、各種の生産活動、上級学校や職場の訪問・見学、全校美化の行事、地域社会への協力や学校内外ボランティア活動などが考えられる。

　高等学校では、就業体験（インターンシップ）、各種の生産活動、上級学校や職場の訪問・見学、全校美化の行事、地域社会への協力や学校内外ボランティア活動などが考えられる。例えば、生徒が中心となって、学校や地域の環境美化のための活動を工夫すること、学校内外での勤労や生産の体験、就業体験を行うこと、乳幼児の保育体験、障害のある人や高齢者の介護体験などを通してボランティア活動について学んだり体験したりすることが考えられる。

課題

1. 校種を指定し、学級（ホームルーム）活動の目標や内容から具体的な事例を挙げて、活動の意義を述べてみましょう。
2. 校種を指定し、児童（生徒）会活動の目標や内容から具体的な事例を挙げて、活動の意義を述べてみましょう。
3. 平成10年と平成20年今次改訂との大きな違いは何か、目標・内容を示すとともに、具体的な事例を挙げて述べてみましょう。
4. 小学校や中学校や高等学校の教師になったあなたが、「学級（ホームルーム）活動とは何ですか」と保護者から質問されたとき、どのように説明しますか。具体的に述べましょう。
5. あなたは、小・中学校時代に児童会、生徒会活動でどんなことをしましたか。また、あなたが、児童会、生徒会の担当になったら、どんな活動を実施しますか。考えましょう。

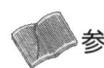

参考文献

文部科学省「小学校学習指導要領」(2008年)
文部科学省「小学校学習指導要領解説　特別活動編」(2008年)
文部科学省「中学校学習指導要領解説　特別活動編」(2008年)
『小学校学習指導要領　新旧比較対照表』(日本教材システム、2008年)
『小学校学習指導要領　ポイントと学習活動の展開　特別活動編』(宮川八岐編、東洋館出版社、2008年)

第4章
特別活動の指導

　特別活動は、学級活動やクラブ活動（小学校）、児童会・生徒会活動などの各活動とともに、各種学校行事から構成されている。これらの内容は、それぞれ独自の目標と内容をもつ教育活動ではあるが、終局的には特別活動全体の目標を目指して行われるものである。
　したがって、特別活動の目標と各活動及び学校行事の目標・内容に密接な関係があることについて学校・教師が共通理解を深めることが大事であり、あわせて内容相互のつながりや各教科等との関連を踏まえて指導・実施計画を立案し、指導に当たることが求められる。
　本章では、特別活動の指導計画作成や実際の指導における特別活動と各教科等との関連について事例などを手掛かりに学習する。

第1節　各活動及び学校行事の目標・内容と内容相互の関連

　特別活動の各活動及び学校行事の目標は、繰り返しになるが以下のとおりである。①学級活動は、「学級活動を通して、望ましい人間関係を形成し、集団の一員として学級や学校におけるよりよい生活づくりに参画し、諸問題を解決しようとする自主的、実践的な態度や健全な生活態度を育てる」のが目標である。②児童会活動は、「児童会活動を通して、望ましい人間関係を形成し、集団の一員としてよりよい学校生活づくりに参画し、協力して諸問題を解決しようとする自主的、実践的な態度を育てる」であり、③小学校クラブ活動は、「クラブ活動を通して、個性の伸長を図り、集団の一員として協力してよりよいクラブづくりに参画しようとする自主的、実践的な態度を育てる」である。そして、④学校行事については、「学校行事を通して、望ましい人間関係を形成し、集団への所属感や連帯感を深め、公共の精神を養い、協力してよりよい学校生活を築こうとする自主的、実践的な態度を育てる」と示されている。
　今回の学習指導要領では、例えば小学校では、目標と各活動・学校行事の目標との関連を明確にする観点から、特別活動の中心的な目標で

```
┌─────────────────────────────────────────────────────────────┐
│  望ましい集団活動を通して、心身の調和のとれた発達と個性の伸長を │
│ 図り、集団の一員としてよりよい生活や人間関係を築こうとする自主 │
│ 的、実践的な態度を育てるとともに、自己の生き方についての考えを深 │
│ め、自己を生かす能力を養う。                                  │
└─────────────────────────────────────────────────────────────┘
```

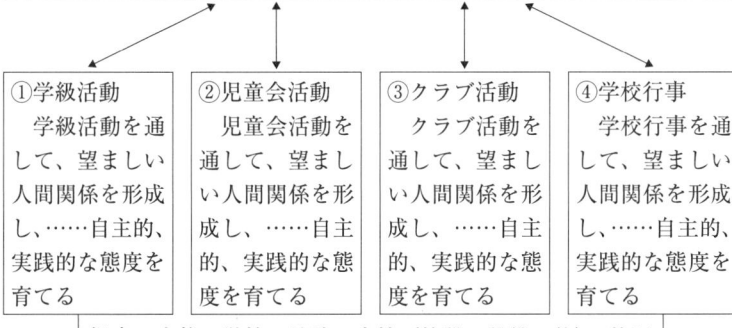

| ①学級活動 学級活動を通して、望ましい人間関係を形成し、……自主的、実践的な態度を育てる | ②児童会活動 児童会活動を通して、望ましい人間関係を形成し、……自主的、実践的な態度を育てる | ③クラブ活動 クラブ活動を通して、望ましい人間関係を形成し、……自主的、実践的な態度を育てる | ④学校行事 学校行事を通して、望ましい人間関係を形成し、……自主的、実践的な態度を育てる |

児童の実態、学校・地域の実情（施設、設備、他）、特別活動の全体計画及び指導計画、（配当時間数）、担当教諭、自主的、実践的な活動、組織的な取り組み、評価

図5　特別活動の内容相互の関連（小学校の例）

ある「……自主的、実践的な態度」の育成を各活動の目標すべてに入れた。また、「望ましい人間関係の形成」も共通事項となっている。さらに、全体目標の「集団の一員として学級や学校におけるよりよい生活づくりに参画し、諸問題を解決しようとする自主的、実践的な態度を育てる」を受けて、社会に参画する態度や自治的能力の育成を重視する観点から、学級活動及び児童会活動において「生活づくりへの参画」を、さらに学校行事においては、「公共の精神を養い」を入れた。こうした目標の改善は中学校の特別活動とも軌を一にするものである。特別活動の内容相互の関連は、図5のように整理することができる。

　特別活動の4つの内容（中学校及び高等学校は3つの内容）は、それぞれ独自の価値をもち、集団の単位や規模、活動形態や方法、時間設定などは異なるが、それは特別活動の目標のもとに統一されたものであり、各内容は相互に関連し合っている。例えば、学級活動(ホームルーム活動)は、児童生徒の学校生活の基本的な単位である学級集団として行う活動であり、特別活動の各内容の中心的な役割をもつものといえる。学級集団は、学校生活における基礎的な集団（学習、生活集団）であり、児童会・生徒会活動、クラブ活動（小学校のみ）、そして学校行事等への参加や協力、活動の進め方、その過程で起こる諸問題への対応の仕方などについても、学級（ホームルーム）活動において取り上げることが多い。また、学級（ホームルーム）活動での自発的、自治的な活動の経験が、他

の内容の活動の充実につながるものである。

　児童会・生徒会活動や小学校のクラブ活動は、その目的のもとに児童生徒の自発的、自治的な集団活動を意図的・計画的に展開していくという特質をもっており、学校生活の充実と向上を図るうえでも極めて重要である。このような活動においては報告や成果の発表などが行われることがあるが、それらは学校行事とのかかわりがあることが少なくない。

　今回の改訂で小学校・児童会活動に「学校行事への協力」が新たに加わったが、これは中学校との整合性に配慮したものであり、学校行事とのつながりを明確にしたものと解することができる。

　平成18年12月に改正された教育基本法（第2条）では"教育の目標"が新たに規定され、また、19年6月改正の学校教育法（第21条）において義務教育の目標が明示された。特別活動においても、そのことを踏まえ、小学校と中学校の指導の一貫性を図ることが示されたのである。

　学校行事は、全校または学年を単位とした集団（高等学校はそれに準ずる集団を含む）の活動であり、5つの種類がある。各学校においては、それぞれの学校行事の円滑な展開のため、特別活動における他の活動の経験を生かし、一層充実した活動に発展することが求められる。すなわち、学級（ホームルーム）活動や児童会・生徒会活動、クラブ活動（部活動）などを充実させることが学校行事への発展となり、ひいては特別活動全体の充実・発展につながるのである。学校・教師は、これらのことを理解し、特別活動の全体計画のもとに、各内容の相互の関連を図りながら意図的・計画的に指導していくことが大事である。

第2節　特別活動と各教科、道徳、総合的な学習等との関連

　ここでは、中学校を例に特別活動と各教科等との関連について考えてみたい（小学校及び高等学校も基本的には同様である）。

　中学校の教育課程は、各教科、道徳、総合的な学習の時間及び特別活動から編成されており、それぞれ固有の目標やねらい、教育内容・方法等の特色をもっている。しかし、固有のねらいをもつものではあっても、実際には直接的に、あるいは間接的にさまざまな関連をもっており、各教科等と特別活動もまた互いに支え合い、補い合う関係にあるといえる。換言すれば、それぞれの教育活動が相互に関連し合いながら、それぞれのもつねらいを達成することによって、トータルとして中学校教育の目

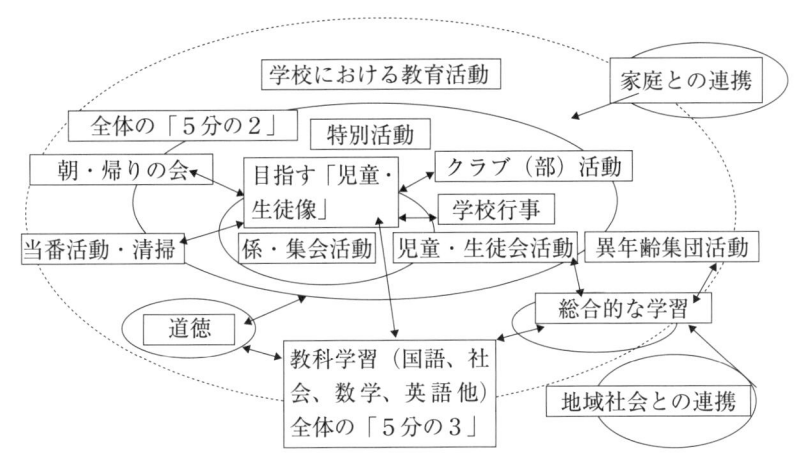

図6 学校における教育活動の全体構想「教育課程」
小・中学校における学校生活は、一般に朝8:00〜夕方4:00ごろまで

的や目標を達成することができるのである。ここでは、小・中学校における学校生活（登校から下校まで）を見てみよう。小・中学校における学校生活は、一般に朝8：00〜夕方4：00ごろまでのおよそ8時間である（中学校・部活動の場合は6：00ごろ）。

その中で教科指導（国語、数学、体育、その他）の時間は全体の「5分の3」に当たり、残りの「5分の2」の時間は、朝会（学活）、休憩時間、掃除の時間、給食タイム、部活動、放課後などである。つまり、学校生活は「5分の3」の教科指導の時間と「5分の2」の教科外の時間で構成されていると捉えることができる（図6）。

学校・教師は、学校における教育活動の全体構想（教育課程）を押さえ、意図的、計画的に教育活動を展開することが肝要である。

1．各教科と特別活動の関連

特別活動は、生徒の自主的、実践的な活動を基盤とするが、これらを充実したものにするためには、日常の教科の学習において獲得した知識や技能、能力、態度を生かすことが大切である。また、その逆に特別活動で培われた自主的、実践的な態度が、各教科における学習に大きく影響することにも留意する必要がある。加えて、各教科学習の背景にある、教師と生徒及び生徒相互の人間関係の在り方によって、各教科における学習の効果が左右されることを忘れてはならない。

次頁の図7は、特別活動と各教科との関連を表したものである。

第4章

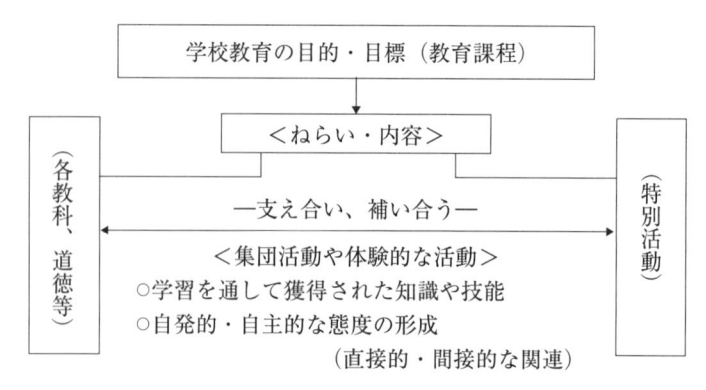

```
┌─────────────────────────┐
│ 学校教育の目的・目標（教育課程） │
└───────────┬─────────────┘
            ↓
    ┌─────────────┐
    │ ＜ねらい・内容＞ │
    └─────────────┘
┌───┐                        ┌───┐
│各教│ ―支え合い、補い合う―  │特別│
│科、│←──────────────────→│活動│
│道徳│ ＜集団活動や体験的な活動＞ │   │
│等 │ ○学習を通して獲得された │   │
│   │   知識や技能          │   │
│   │ ○自発的・自主的な態度  │   │
│   │   の形成             │   │
└───┘    （直接的・間接的な関連） └───┘
```

図7　特別活動と各教科等との関連

　学校・教師は、これらのことを踏まえ、学級・学年における温かな人間関係や規律ある学習態度、自主的な学習習慣の形成、個々の生徒の学習意欲の高揚など、学びの場としての学級づくりに努めなければならない。つまり、教師と生徒及び生徒相互のよりよい人間関係づくりや自主的、実践的な態度の育成が、教科指導にとっても重要なのである。

　ここでは、各教科との関連について具体例をいくつか挙げておく。

○特別活動としての学級活動（ホームルーム活動）や児童会・生徒会活動などでは、民主的な方法による話し合い活動の場が多く、学校行事も含め特別活動の内容には発表形式をとる機会が多数ある。そこでは、自分の考えをみんなの前でよく分かるように話したり、友達の意見を的確に受けとめたりする。また、効果的に発表したり、他の人たちの発表を聞いたりする。これらの能力や態度は教科学習、とりわけ国語科とのかかわりが深い。国語科で育てられた「聞く・話す」など言語に関する表現力が特別活動の実践的な場で生かされ、そのことによって、国語科の学習意欲が一層高められ国語力の育成にもつながる。

○児童会・生徒会活動の各種（専門）委員会や学級活動（ホームルーム活動）の係り活動において、学校内や学級での仕事を分担処理する活動は、自分が担当する仕事について関連する教科で学んだ知識や技能を総合的に駆使して効果的に展開することができる。そしてまた、その体験を関連する教科の学習の知識、技能、態度に生かしていくことが期待できる。例えば、新聞係り（委員会）の児童生徒は、国語や社会科、理科などで学んだ知識や技能をもとにして、よりよい新聞づくりを行う。そのことが、同時に学習内容の定着の発展にもなる。

○学校行事は、日常の学習の成果や体験を総合的に発揮させ、その発展を図る活動である。したがって、当然各教科の学習との関連は深い。とりわけ、文化祭や学習発表会、音楽祭などの文化的行事や、運動会、体育祭などの健康安全・体育的行事は、各教科の学習に直結したものといえよう。また、儀式的行事や遠足・集団宿泊的行事、勤労生産・奉仕的行事なども日常の教科学習の成果を総合的に生かす場であり、そこに鍛錬的な意味を付加することのできる機会ともなっている。いずれにしても、各種学校行事は児童生徒の学校生活に秩序と変化、潤いをもたらすものであり、こうした行事における豊かな体験は、各教科の学習に反映し、教科学習に励みと新鮮さを与えるものである。

○なお、小学校においては、低学年で実施されている生活科学習とのかかわりを押さえておくことも大事である。生活科が目指すものは、特別活動の多様な活動内容と共通するものが少なくない。例えば、生活科は、「具体的な活動や体験を通して……」とその目標に示しており、特別活動の「望ましい集団活動を通して……自主的、実践的な態度の育成」とのかかわりは深い。また、習慣形成や技能の習得は、学級活動や道徳教育ともかかわりがある。

2. 道徳教育（時間）と特別活動の関連

児童生徒の道徳性は、具体的な生活の場や人間関係の中で多様な経験を通して育成されるものである。学校における道徳教育は、児童生徒の全生活を通して行うものであり、道徳の時間をはじめ、各教科、特別活動、総合的な学習の時間など、すべての教育活動における適切な指導が求められる。とりわけ、特別活動と道徳との関連については、学習指導要領第5章の第3の1の(4)において、次のように示してある。

> 第1章総則の第1の2及び第3章道徳の第1に示す道徳教育の目標に基づき、道徳の時間などとの関連を考慮しながら、第3章道徳の第2に示す内容について、特別活動の特質に応じて適切な指導をすること。

学習指導要領の第1章「総則」の第1の2においては、「学校における

第4章

道徳教育は、道徳の時間を要（かなめ）として学校の教育活動全体を通じて行うものであり、道徳の時間はもとより、各教科、総合的な学習の時間及び特別活動のそれぞれの特質に応じて、生徒の発達の段階を考慮して、適切な指導を行わなければならない」と規定されている。

これを受けて、特別活動の指導については、その特質に応じて道徳について適切に指導することが求められている。

(1) 道徳教育と特別活動

特別活動における道徳教育の指導に当たっては、学習活動や学習態度への配慮、教師の態度や行動による"感化"とともに特別活動の目標と道徳教育との関連を押さえて、指導を行うことが肝要である。

```
┌─────────────────────┐       ┌─────────────────────┐
│  <特別活動の目標>    │ ────> │  <道徳教育の目標>    │
│                     │       │                     │
│  望ましい集団活動を通 │       │  道徳教育の目標は、第1章│
│ して、心身の調和のとれ │       │ 総則の第1の2に示すところ│
│ た発達と個性の伸長を図 │       │ により、学校の教育活動全体│
│ り、集団や社会の一員と │       │ を通じて、道徳的な心情、判│
│ してよりよい生活や人間 │ <──── │ 断力、実践意欲と態度などの│
│ 関係を築こうとする自主 │       │ 道徳性を養うこととする。道│
│ 的、実践的な態度を育て │       │ 徳の時間においては、……人│
│ るとともに、人間として │       │ 間としての生き方についての│
│ の生き方についての自覚 │       │ 自覚を深め、道徳的実践力を│
│ を深め自己を生かす能力 │       │ 育成するものとする。   │
│ を養う。            │       │                     │
└─────────────────────┘       └─────────────────────┘
┌──────────────────────────────────────────────────┐
│ ○学級活動………（1「学級や学校の生活づくり」、2「適応と │
│            成長及び健康安全」、（3「学業と進路」は、 │
│            中学校・高等学校）                    │
│ ○生徒会活動……異年齢集団による交流、ボランティア活動 │
│ ○学校行事………さまざまな体験活動、高齢者、障害のある人々│
│            との触れ合い活動（思いやりの心、奉仕・公│
│            共の精神、心身の健康、協力・責任）    │
└──────────────────────────────────────────────────┘
```

図8　特別活動と道徳教育の関連

特別活動の目標には、心身の調和のとれた発達と個性の伸長、自主的、実践的な態度の育成、人間としの生き方についての自覚、自己を生かす能力の育成など道徳教育がねらいとする内容と共通している面が多く含まれており、道徳教育との結び付きが深いことが分かる。

とりわけ、学級や学校生活における望ましい集団活動や体験的な活動は、日常生活における道徳的実践の指導をする重要な機会と場であり、

道徳教育にかかわる役割は大きい。例えば、自分勝手な行動をとらず、節度ある生活をしようとする態度や自己の役割や責任を果たそうとする態度、よりよい人間関係を築こうとする態度、集団や社会の一員としてみんなのために進んで働こうとする態度、自分たちで約束をつくって守ろうとする態度、目標をもって諸問題を解決しようとする態度、自己のよさや可能性に自信をもち集団活動を行おうとする態度などは、集団活動を通して身に付けたい道徳性でもある。また、一人一人の生徒の悩み、学級や学校生活における葛藤などの道徳性に関する問題は、学級活動における指導項目（内容・2）と深いかかわりがある。

○学級活動の内容の取り扱いについては、第3章道徳の第3の1の(3)に示してある道徳教育の重点などを踏まえることが肝要である。

　例えば、学級活動においては、活動内容(1)の「学級や学校の生活づくり」の内容として、学級や学校における生活上の諸問題の解決、学級内の組織づくりや仕事の分担処理、学校における多様な集団の生活の向上を示している。この活動は、生徒がよりよい生活を築くために、諸課題を見いだし、これを学級の成員が相互に協力して解決していく自発的、自治的な活動である。このような生徒による自発的、自治的な活動を通じて、望ましい人間関係の形成やよりよい生活づくりに参画する態度などにかかわる道徳性を身に付けることができるのである。

　学級活動の活動内容の(2)「適応と成長及び健康安全」の内容としては、思春期の不安や悩みとその解決、自己及び他者の個性の理解と尊重、社会の一員としての自覚、男女相互の理解と協力、望ましい人間関係の確立、ボランティア活動の意義の理解と参加、心身ともに健康で安全な生活態度や習慣の形成、性的な発達への適応、食育の観点を踏まえた学校給食と望ましい食習慣を示している。これらの活動を通じて、生徒一人一人が人間としての生き方について幅広く探究し、心身の健康の保持増進に努めるとともに豊かな人間性や個性の育成を図ることは、道徳性の育成に資するものである。さらに、活動内容(3)「学業と進路」の内容は、学ぶことと働くことの意義の理解、自主的な学習態度の形成と学校図書館の利用、進路適性の吟味と進路情報の活用、望ましい勤労観・職業観の形成、主体的な進路の選択と将来設計を示している。これらのことは、生徒一人一人が現在及び将来の生き方を考える基盤となるものであり、自己の在り方生き方を見つめ、自己の目標を定めて、努力していくこ

とは、道徳性の育成に密接なかかわりをもつものである。
○生徒会活動においては、生徒会の計画や運営、異年齢集団による交流、学校行事への協力、ボランティア活動などの社会参加を通して、学校生活の充実と向上を図る活動が行われる。生徒が集団や社会の一員としてよりよい学校生活づくりに参画し、生活上の諸問題を見いだし、これに対して成員相互が協力して解決していく自発的、自治的な生徒会活動は、道徳的実践力を豊かにするうえで有効適切であり、それによって生徒会活動が円滑に運営されることが期待される。
○学校行事においては、学校生活に秩序と変化を与え、学校生活の充実と発展に資する体験的な活動を通して、望ましい人間関係を形成し、集団への所属感や連帯感を深め、公共の精神を養うとともに協力してよりよい学校生活を築こうとする自主的、実践的な態度を育てる指導がなされる。とりわけ、職場体験やボランティア活動などの社会体験や自然体験、幼児、高齢者、障害のある人々と触れ合う活動などを通じて、思いやりの心や勤労や奉仕の精神、公共の福祉、さらに心身の健康、協力、責任や公徳心などにかかわる道徳性の育成ができるのである。

(2) 道徳の時間と特別活動

　特別活動は、道徳の時間にはぐくまれた道徳的実践力を発揮する場の一つと考えることができる。つまり、よりよい学校や学級の生活や人間関係を築こうとする活動の中で、言葉で表したり、集団や社会の一員としての生き方について考えを深めたり身に付けたりする場や機会である。

　そして、生徒が特別活動におけるさまざまな活動において経験した道徳的行為や道徳的な実践について、道徳の時間においてそれらを取り上げ、学級の生徒全体でその道徳的意義について考えさせ、道徳的価値として自覚できるようにすることも可能である。また、道徳の時間での指導が特別活動における具体的な活動場面の中で生かされ、道徳的実践力と道徳的実践との関連を図る指導が効果的に行われることも期待される。

　特別活動では、特に体験的な活動が重視されており、学校行事などの場で具現化される。例えば、勤労生産・奉仕的行事については、「勤労の尊さや創造することの喜びを体得し、職場体験などの職業や進路にかかわる啓発的な経験が得られるようにするとともに、共に助け合って生きることの喜びを体得し、ボランティア活動などの社会奉仕の精神を養う体験が得られるような活動を行うこと」と示されている。

これは、特別活動において道徳性の育成にかかわる体験を積極的に取り入れ、活動そのものを充実させることによって道徳性の育成を図ろうとするものである。学校・教師は、このような体験活動における道徳的価値の大切さを踏まえ、人間としての在り方や生き方という視点から体験活動を考えることができるよう道徳の時間を工夫することが求められる。そのため、生徒が特別活動におけるさまざまな活動において体験した道徳的行為や道徳上の事柄について、道徳の時間にそれらを取り上げ、学級の生徒全体でその道徳的意義を考えられるようにするとともに、道徳的価値として自覚できるようにしていく。さらに、道徳の時間での指導が特別活動における具体的な活動場面の中に生かされるようにしたい。
　なお、特別活動と道徳の時間との安易な関連付けは、かえって双方の学習効果を低下させることになりかねない。したがって、両者の特質などを踏まえて道徳の時間と特別活動を関連付けることが肝要である。

3．総合的な学習の時間との関連

　特別活動と総合的な学習の時間との関連を考えるに当たっては、まず、それぞれの目標や内容を正しく理解しておくことが大事である。

```
＜特別活動の目標＞              ＜総合的な学習の時間の目標＞
 望ましい集団活動を通して         横断的・総合的な学習や探究
…人間としの生き方について        的な学習を通して……自己の生
の自覚を深め、自己を生かす        き方を考えることができるよう
能力を養う。                    にする。

相違点……①目標・内容、②特質（望ましい集団活動を通して
                              探求的な学習を通して）
共通点……自主的、実践的な態度の形成（問題解決の基盤）
       グループ活動、異年齢集団活動
       自然体験、ボランティア活動、幼児、高齢者、
       障害のある人々との触れ合い、他

  （例）＜集団宿泊活動（行事）の場合＞
 ①環境や自然を課題とした問題解決学習………総合的な学習
 ②集団生活の在り方や公衆道徳の体験…………特別活動
   ※総合的な学習の時間の実施による学校行事の代替
```

図9　特別活動と総合的な学習の時間との関連

　特別活動は、「望ましい集団活動を通して、……人間としての生き方についての自覚を深め、自己を生かす能力を養う」ことを目標としてお

り、総合的な学習の時間は「横断的・総合的な学習や探究的な学習を通して、自ら課題を見付け、自ら学び、自から考え、主体的に判断し、よりよく問題を解決する資質や能力を育成するとともに、学び方やものの考え方を身に付け、問題の解決や探究活動に主体的、創造的、共同的に取り組む態度を育て、自己の生き方を考えることができるようにする」ことが目標である。特別活動は「望ましい集団活動」が特質であり、総合的な学習の時間の特質は「横断的・総合的な学習や探究的学習」である。これが両者の大きな違いといえよう。その一方で共通することもある。例えば、特別活動で身に付けた集団や社会の一員として、よりよい生活や人間関係を築こうとする自主的、実践的な態度は、総合的な学習の時間のよりよく問題を解決する資質や能力の育成の基盤になるものであり、逆もまた同様である。また、特別活動においては、学級や学校における各種のグループや異年齢集団などにおいて活動が行われるが、その際、自然体験やボランティア活動などの社会体験などの体験活動を重視したり、幼児、高齢者、障害のある人々との触れ合いを大切にしたりすることになっている。この点においても総合的な学習の時間と特別活動の関係が深いこと（共通点）を見付けることができる。学校・教師は、このような点を踏まえて、関連を図った指導を行うことが重要である。

　一例を挙げると、特別活動として実施する集団宿泊活動において、数日間実施するうち、総合的な学習として探求的な学習として位置付けたり、このことについて事前・事後に指導したりすることが考えられる。

　その際、学校行事については、その目標と総合的な学習の趣旨を相互に生かし、両者の活動を関連させることにより、結果として活動の成果が大きくなるようにすることが大切である。また、このことにより、体験活動がダイナミックに展開され、学校全体として体験活動を充実することが必要である。さらに、総合的な学習の時間において計画した学習活動が、学習指導要領に示した特別活動の目標や内容と同等の効果が得られる場合も考えられる。このため、学習指導要領の第1章の第3の5において、「総合的な学習の時間の実施によって、特別活動の学校行事に替えること」ができるとする規定がされたのである。なお、このような場合においても、学習指導要領に示した特別活動・学校行事の目標が達成される必要がある。

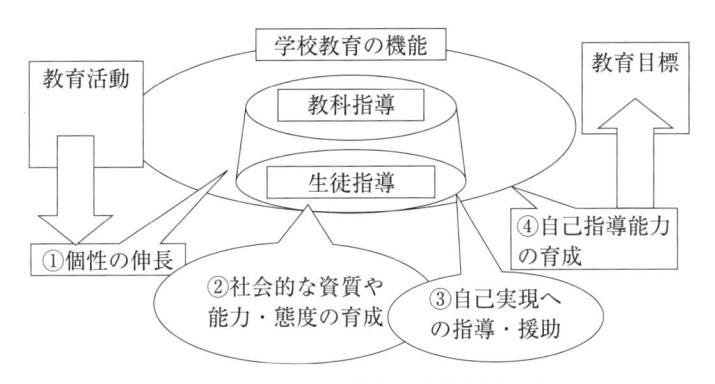

図10 学校教育の機能と生徒指導の概念

4．生徒指導等との関連

　生徒指導は、小・中学校、高等学校すべての学校において教育目標を達成するために不可欠な教育機能の一つであり、全教育活動を通して行われる。

　すなわち、教育課程として編成・実施される各教科・科目や領域をはじめ、休憩時間や放課後の活動、登下校時の安全指導などを含む児童生徒の学校生活全般について機能（はたらき）として作用するのである。

　「生徒指導とは、本来、一人一人の生徒の個性の伸長を図りながら、同時に社会的な資質や能力・態度を育成し、さらに将来において社会的に自己実現できるような資質・態度を形成していくための指導・援助であり、個々の生徒の自己指導能力の育成を目指すものである」（文部省『生徒指導資料集20集』1988年）と定義されている。

　生徒指導については次のように改める。各学校においては、生徒指導が教育課程の内外において、一人一人の児童生徒の健全な成長を促し、児童生徒の自己指導能力の育成を目指して、学校の教育活動全体を通じてその一層の充実を図る必要がある（文部科学省「生徒指導提要」2010年3月）。生徒指導の現実的目的は、一般に次のように（次頁の表7）分けられる。

　生徒指導については、学習指導要領第1章「総則」の第4の2の(3)で、「教師と生徒の信頼関係及び生徒相互の好ましい人間関係を育てるとともに生徒理解を深め、生徒が自主的に判断、行動し積極的に自己を生かしていくことができるよう、生徒指導の充実を図ること」と示されているように、教育活動のすべてにおいて、その教育活動の目標を達成していくための基盤であり条件整備の役割を果たすものといえる。

表7　生徒指導の目的と対象、内容

目的	開発的側面	予防的側面	治療・矯正的側面
対象	全児童生徒	全児童生徒	該当する児童生徒
ねらい・内容	・児童生徒一人一人の発達可能性の実現や、個性の伸長、さまざまな発達課題に応じた課題を習得するとともに達成を目指して取り組む。	・児童生徒が問題行動や適応困難な状況に陥らないよう未然防止に努める。 ・発達課題の習得、達成にために不可欠である。	・問題行動や不適応の治療的指導（非社会的行動）及び矯正的指導（反社会的行動）を行う。 ・関係機関などとの連携・協力が欠かせない。

　学習指導要領の「総則」及び「特別活動」の関連については表8に整理して示した。
　特別活動の指導は、個々の生徒や生徒集団の生活や活動の場面において、生徒の自発性や自主性を尊重しながら展開されるものであり、深い生徒理解と相互の信頼関係を前提とした生徒指導の充実が不可欠である。生徒指導は、学業指導（educational guidance）をはじめ、適応指導（personality guidance）、進路指導、（career guidance）、保健指導、安全指導、余暇指導などの部面に分けて計画されることがあるが、これらは、特別活動の全体、とりわけ学級活動の活動内容と密接な関連をもっており、学級活動の時間は、生徒指導が中心的に行われる場といえる。

第3節　人間（対人）関係形成能力と特別活動

1. 人間（対人）関係と人間関係上の問題

　「人間（対人）関係」とは、一般に人と人とのかかわりの状況をいう。その用い方は、集団や組織における人と人とのかわり合いの在り方や諸問題の解決を図る協調性などを意味する場合に多く使われるが、人間関係上の諸問題については、次のように整理することができる。
　○パートナー、家族での人間関係……親子や夫婦、恋人同士など
　　　親子や夫婦、恋人同士では、つい直接的に感情をぶつけて、相手を傷つけることがある。なお、義理の親子関係のような場合には、本音を明かさずに、不満を抱え込むこともある。
　○仕事上の人間関係……職場・上司、取引先、顧客など

表8 生徒指導と特別活動の関連

学校	小学校	中学校	高等学校
総則	第4の2(3) 日ごろから学級経営の充実を図り、教師と児童の信頼関係及び児童相互の好ましい人間関係を育てるとともに児童理解を深め、生徒指導の充実を図ること。	第4の2(3) 教師と生徒の信頼関係及び生徒相互の好ましい人間関係を育てるとともに生徒理解を深め、生徒が自主的に判断、行動し積極的に自己を生かしていくことができるよう、生徒指導の充実を図ること。	第5款の5(3) 教師と生徒の信頼関係及び生徒相互の好ましい人間関係を育てるとともに生徒理解を深め、生徒が自主的に判断、行動し積極的に自己を生かしていくことができるよう、生徒指導の充実を図ること。
特別活動	第3の2(2) 学級活動については、学校や児童の実態、学級集団の育成上の課題や発達の課題及び第3章道徳の第3の1(3)に示す道徳教育の重点などを踏まえ、各学年段階において取り上げる指導内容の重点化を図るとともに、必要に応じて、内容間の関連や統合を図ったり、他の内容を加えたりすることができること。 また、学級経営の充実を図り、個々の児童についての理解を深め、児童との信頼関係を基礎に指導を行うとともに、生徒指導との関連を図るようにすること。	第3の2(2) 学級活動については、学校や生徒の実態、学級集団の育成上の課題や発達の課題及び第3章道徳の第3の1(3)に示す道徳教育の重点などを踏まえ、各学年段階において取り上げる指導内容の重点化を図るとともに、必要に応じて、内容間の関連や統合を図ったり、他の内容を加えたりすることができること。 また、個々の生徒についての理解を深め、生徒との信頼関係を基礎に指導を行うとともに、生徒指導との関連を図るようにすること。	第3の1(2) 生徒指導の機能を十分に生かすとともに、教育相談（進路相談を含む）についても、生徒の家庭との連携を密にし、適切に実施できるようにすること。

　気が合わなくても、毎日接しなければならないのが職場における人間関係（上司、同僚）である。利害関係で結びつく取引先や顧客とは、トラブルを起こさないように気をつかうことが少なくない。

○地域社会等の人間関係……近所、自治会、PTA、保護者会など

　居住地の近所や自治会の人たちとは、適切に接していかなければならない。また、PTAや保護者会など、児童生徒を介した人間関係では、親としての在り方を問われ、何かと緊張しやすいものになる。

○友人との人間関係……親友、新しい友達、クラスメートなど
　本音で接しやすい友人との関係も、嫉妬や羨望などの複雑な感情が生まれると、簡単に壊れることがある。新しい友達には、警戒心や気遣いが生じ、深い関係を築きにくいこともある。

　ここでは、「友人との人間関係」について、家庭（親子関係）環境や学校における他者とのかかわりを中心に考えてみることにする。

(1)　狭い範囲に限定された人間関係

　児童生徒の対人関係の進展は、もって生まれた性質や気質（遺伝的要因）に影響されるといわれる。例えば、新奇性追求や損害回避の強弱、報酬依存性の高低、さらに固執（こだわり）の現れなどである。

　また、後天的には、自己志向性の強弱や協調性をどのように獲得してきたか、さらに自己超越という信念や真実、理想などを追求する気持ちの表れなども問題になると考えられる。

　児童生徒が成長していく過程では、これらが一つの「まとまった価値観」として個から表現される。例えば、不登校や引きこもりの人々の対人関係は限定されている。もともとそういう性質や気質があったのか、あるいは早期に負担になるような体験があったのかもしれない。彼らは、対人関係があるとしても極めて狭い範囲に限られ、その交流の内容もゲームを一緒にする仲間とか、マンガの話しやPCの利用方法など、事務的、技術的（マニュアル的）な話に偏っていることが少なくない。つまり、対人関係の中で言葉を交わして感情交流をすることは、ほとんどないのである。この感情交流を図る力の獲得は、親子関係の情緒交流を基盤として学校教育（同世代の集団活動）の場を通して形成されていく。

(2)　一人遊びから集団による快感情の共有へ

　子どもは、一般に"親子の愛の交流"を通して自分だけではなく、相手を大切にしようとする力を身に付けていく。例えば、多彩な遊び（ゲーム以外のもの）を覚え、多様な友達と接することができるようになる。

　しかし、子ども同士が遊んでいても共鳴や共感が湧かないような場合には、対人関係から遠ざかる傾向が見受けられる。その背景としては、損害回避の傾向があると考えられる。一人遊びのほうが楽だ、相手に合わせるのはきつい、相手がいると緊張するなどの理由で、仲間から外れる子どもがいる。一人遊びに没頭する子どもは、相手に対して警戒心や用心深さを抱き、遊びに対して違和感をもっている場合が少なくない。

子どもは、多様な活動（同世代コミュニケーション）を通して、嬉しさや喜びという快感情を体験することができ、「意味・意義のあることや他に役立つこと」（価値観）の獲得につながっていくのである。

(3) **集団における親密感の獲得**

　人間が一人では生きていけないことは誰でも認めるところであるが、一人に追いやられて孤立する人がいる。彼らは孤立したくて孤立しているのではない。孤立する人間が生まれる背景には集団における親密感の欠如が考えられる。集団における親密感や相互依存関係の獲得は、学校教育、とりわけ集団活動の中で可能である。しかし、結果として孤立感を強める児童生徒をつくってしまうことがある。学校における同世代集団を対人関係形成に活用していないからである。なお、学業成績や順位を争わせるなどいわゆる「成果主義」に陥っているとの指摘もある。

　児童生徒の学級生活や集団活動における人間関係づくりは、児童生徒の積極的な言動や自主的な判断、よりよい自己成長を促すために重要である。ところで、いじめ問題や暴力行為などの問題は、友人との社会的な関係（人間関係）づくりの未熟さに起因することが少なくない。

　担任・教師は、これらのことを踏まえ、児童生徒の実態把握に努め、好ましい人間関係づくりに着実に取り組むことが強く求められている。

2. 人間関係づくりと特別活動

　人間関係（human relations）とは、一般にはそれぞれが所属する集団や学校生活にかかわる組織内における成員相互の関係のことをいう。

　児童生徒の人間関係には、家庭における父母、兄弟姉妹等との関係があり、学校においては、同級生や上級生・下級生、委員会や部活動など所属する集団における生徒間の関係、学級担任や教科担当の教師との関係、さらに、校外での地域の人々や参加しているスポーツ団体や文化活動を行う集団の人々との人間関係など多様である。

　平成20年1月、中央教育審議会（答申）は、人間関係の希薄化に関して次のように指摘した。「情報化、都市化、少子高齢化などの社会状況の変化を背景に、生活体験の不足や人間関係の希薄化、集団のために働く意欲や生活上の諸問題を話し合って解決する力の不足、規範意識の低下などが顕著になっており、好ましい人間関係を築けないことや、望ましい集団活動を通した社会性の育成が不十分な状況も見られる」。

表9　特別活動の各活動等で育てたい望ましい人間関係

	各活動・学校行事で育てたい「望ましい人間関係」
〈学級活動〉	豊かで充実した学級生活づくりのために、生徒一人一人が自他の個性を尊重するとともに、集団の一員としてそれぞれが役割と責任を果たし、互いに尊重しよさを認め発揮し合えるような（開かれた）人間関係である。
〈生徒会活動〉	豊かで充実した学校生活づくりのために、一人一人の生徒が生徒会組織の一員としての自覚と責任感をもち、共に協力し、信頼し支え合おうとする人間関係である。また、ボランティア活動など教育的価値をもつ社会的活動への参加や協力、他校との交流や地域の人々との幅広い交流など、学校外における活動を通して、他者を尊重し、共によりよい集団生活や社会生活を築こうとする（開かれた）人間関係である。
〈学校行事〉	全校または学年という大きな集団において、学校生活を豊かな実りあるものにするために、生徒が学級や学年を超えたさまざまな生徒と主体的にかかわる中で、喜びや苦労を分かち合いながら、共通の目標を達成しようとするなど、共に協力し、信頼し支え合おうとする人間関係である。また、地域のさまざまな人々との幅広い交流、職場体験活動やボランティア活動などの社会体験などを通して、他者を尊重し、共によりよい集団生活や社会生活を築いていこうとする（開かれた）人間関係である。

（中学校学習指導要領解説「特別活動」）

　これらのことを踏まえ、特別活動においては、「よりよい人間関係を築く力」の育成を重視するとともに、「それらにかかわる力を実践を通して高めるための体験活動や生活を改善する話合い活動、多様な異年齢の子どもたちからなる集団による活動を一層重視する」ことを改善の基本方針としたのである。「よりよい生活や人間関係を築こうとする自主的、実践的な態度を育てる」ことを目標とする特別活動は、人間関係を築くための生徒の能力・態度の育成の中核となる教育活動であるといえよう。
　特別活動の総体としては「好ましい人間関係の形成」を目標としているが、各活動・学校行事の活動内容や活動形態などを踏まえて、育てたい「望ましい人間関係」を明示し、実践的な活動を行うようにしたい。
　近年、特別活動（学級活動）で構成的グループ・エンカウンターを行うことが増加傾向にある。これは、最近の児童生徒に見られる問題行動の原因の一つに、人間関係づくりの未熟さがあるとの認識に立つ取り組みの一つと考えられる。人間関係は、人として生きるうえでの基盤であり、よい人間関係をつくりあげていくことは、自分自身の心と行動の安定につながるものである。学校や学級などで他者とのかかわりの中で生活し、

成長しようとする児童生徒にとって、自己の心と行動の安定は、さまざまな能力を身に付けたり、発揮したりするために不可欠である。

しかし、実際の学校・学級での場面においては、例えば学級集団の中で、自分の考えや気持ちをうまく相手に伝えたり、相手の気持ちを考えて行動したりするなど、人間関係づくりが苦手な児童生徒（テンポ、ペース、話題などの違い、違和感）を見かけることが少なくない。

そうしたことから、人間関係づくり（スキルも含む）の指導として、学級活動において構成的グループ・エンカウンターを行うことが考えられるようになったといえよう。その際大事なことは、学校教育全体での位置付けを明確にするとともに、特別活動の目標や学級活動の内容を押さえて取り組むことである。ここでは、小学校及び中学校における「人間関係づくり」（学級活動）に関する事例を挙げておく。

(1) 小学校の取り組み—学級活動と朝の会・帰りの会の関連

学校の教育目標を踏まえて、確かな学力や豊かな人間性の育成を目指し、基本的生活習慣の徹底、望ましい人間関係づくりに取り組んでいる小学校がある。そこでは、次の点に配慮して実践している。

〈学校の教育目標及経営方針〉
・思いやりのある子　・考える子　・規律正しい子　・体を鍛える子
〈学校の経営方針〉
「基本的生活習慣の徹底」と「望ましい人間関係づくり」を通して、リズムのある生活を創出し、意欲的に学ぼうとする子どもの育成を図る。
・自己学習能力の向上につながる授業展開を心がけ学力向上を図る。
・望ましい人間関係づくりに努め、意欲的な生活態度の向上を図る。
・基本的生活習慣の定着に努め、学校生活のリズム化を図る。
・互いに認め合い、大切にし合う児童会活動の展開を創造する。
・ルールを尊重し、けじめのある生活習慣の確立を図る。……以下略
〈本年度の努力点〉
☆「基本的生活習慣の定着」に努める
①あいさつをする　②時間を守る　③忘れ物をしない　④約束を守る
☆「望ましい人間関係づくり」に努める
　・相手の意見を聞く
　・自分の意見を押しつけない
　・自分の良いところや悪いところに気付く
　・友達の良いところや悪いところを知る

・自分の良いところを自慢せず、悪いところは直すように努める
・友達の良いところを認め、悪いところは注意するが責めすぎない
・目標に向かって互いに学び合い、高め合う

〈望ましい人間関係を形成する学級活動の工夫〉

> 本実践は、小学校「言葉のハートマップ」を活用した「互いを尊重する心を育てる活動」（学級活動）と、「よさのフィードバック」を生かした「よさを認め合う活動」（朝の会・帰りの会）とからなる望ましい人間関係を形成するための取り組みである。
>
> 「望ましい人間関係」を、「互いを尊重しよさを認め合える関係」であるとして、学級活動を通して、個々の自己肯定感を高めながらこれまで表面的で固定化していた人間関係の改善を目指した取り組みである。具体的には、「学級活動」においては、互いを尊重する心を育てる活動を重視し、言葉と気持ちの関係を表す「言葉のハートマップ」を活用して、自分も友達も大切にする言葉かけについて理解を深めるようにした。また、「よさを認め合う活動」にてついては、「朝の会」や「帰りの会」において、友達の「互いを尊重する姿」を振り返る活動をして、「よさのフィードバック」を行い、自己肯定感が高まり、よさを認め合う心が育成され、ひいては望ましい人間関係の形成につながるものである。

各学校においては、このように学校全体として教育課程に「望ましい人間関係の形成」を位置付け、取り組むことが期待される。

(2) 中学校の取り組み―学級や学校への適応、集団生活の進め方

中学校では、学級活動(1)及び(2)について、年間指導計画に位置付けて「人間関係にかかわる諸問題」や「望ましい人間関係の確立」を題材として取り上げ、活動を行う。内容(1)は、学級や学校での生活において生じる人間関係や生活上の諸問題について、生徒一人一人が学級や学校の一員としての自覚と責任に基づき、協力して解決していこうとする自主的・実践的な活動を進めていくことがねらいである。

〈取り上げる人間関係上の問題〉
①学校や学級生活の適応に関する問題

「入学や進級、学級編制替え、転入・転出時などの際に生じる人間関係などの諸問題」、「生徒会の委員会などのさまざまな集団への所属とその後の適応に関する問題」など

②集団生活の進め方に関する諸問題

　人間関係のあつれき（トラブル）、いじめや暴力、差別や偏見など
〈活動の展開例〉
・入学や進級のオリエンテーション　・個別指導やグループ指導
・学級の親睦を深める活動（レクリエーション）など

　内容(2)「望ましい人間関係の確立」については、家庭や学校、地域などの人間関係や学級、学年、部活動などにおける人間関係について振り返り、集団の中での行動や生き方について考えるなど、望ましい円滑な人間関係の確立を図ることがねらいである。また、人間関係を形成する力や自己表現力、他者への思いやりや正義感、連帯感や協力心などをはぐくむことも欠かせないことである。
〈題材例〉
「望ましい人間関係の在り方」、「豊かな人間関係づくりと自己の成長」、「自己表現とコミュニケーション能力」など
〈活動の展開例〉
・ロールプレイングや体験発表を取り入れた話し合い活動
・自己表現力やコミュニケーション能力を高める体験的な活動
　（構成的グループ・エンカウンター、ソーシャルスキルなど）

第4節　社会性の育成と特別活動

1. 社会性の欠如—その実態と課題

　近年、ムカつく、すぐきれる若者。その短絡的で衝動的な行動による事件、事故が、世間に取り沙汰され、大きく社会問題となっている。

　些細なことで他人を傷つけたり、時には死に至らしめたりする事態に、国民の多くは（学校関係者）は驚きと空しさを感じているのではなかろうか。そして、ことの批判はいわゆる「未熟」で「セルフ・コントロール（自己制御）」のできない若者へと向けられることになるが、ここには、いくつかの共通したキーワードがある。例えば、「道徳性」や「倫理観」であり、さらに「社会性」の欠如・欠落である。

　ところで、この「社会性」にかかわる問題事象については、日常的に目にすることである。例えば、「われ関せず」と言わんばかりに周囲の目を気にせずゴミを棄てる者。車内アナウンスで注意を呼びかけられている最中に平然と携帯電話をかけている者。……しかし、これらの光景

第4章

は若者だけのものではない。車内で携帯電話片手に声高に話しているのが、若者と呼ぶよりはかなり年齢の高い者であったりすることがある。また、騒がしいので目を向ければ、周囲が見えず話し込んでいるのは若者ではなく、その世代に批判的な目を向ける上の世代であったりもする。今日の「社会性」の欠如批判は、ある意味ですべての者を巻き込んだ現象といっても過言ではないであろう。いったい、社会性を身に付けるということはどういうことか。どうすれば身に付くのか。ここでは、学校教育においては、何をする必要があるのかについて考えてみたい。

2. 社会性の育成と学校教育の役割

(1) 社会性の意味と学校教育

「社会性」ということばの意味を一意的に定めるのは難しい。それは、広く発達や教育にかかわるさまざまな文脈で、多様な意味合いが含まれており、かつ多義的に用いられていることがある。例えば、「社交性」や「社会的スキル」のことであったり、「社会生活性」や「社会的行動」、さらに「共感」などを指していったりすることがあるからである。

国語辞書には、「①集団を作って生活しようとする、人間の根本的性質」、「②他人との関係など、社会生活を重視する性格。また、社会生活を営む素質・能力」、「③広く社会に通じる性質。社会生活に関連する度合い」とある。一般には、一定の規範を有する社会において、これに参加する個人として集団や社会に能動的・適応的に存在し、行動することをいう。教育においては、児童生徒が自己形成をしていくうえで、他とのかかわりにおいて身に付ける社会的な適応能力のことである。

表10 社会性の育成に必要な能力等

必要な能力等	主な内容（例）
向社会的行動	相手に対して、何かを分けたり手伝ったり、他人に何かをしてあげたりする行動
共感性の発達	他人の苦しみや悲しみを受け止める力 （理解力・心情）
道徳的判断力 （社会規範）	自分の行動について良いか悪いか判断する力 （善悪の判断力）
役割遂行能力	相手の立場になって人の気持ちを考え、自分から進んで行動できる力

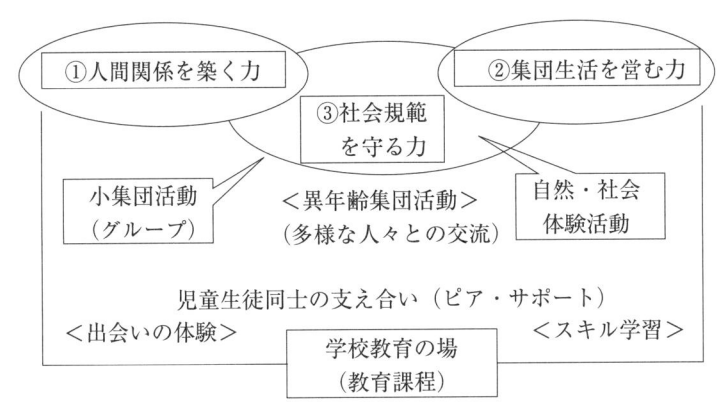

図11 社会性をはぐくむ3つの力

　具体的には、集団活動の場で自分の役割や責任を果たす、互いの特性を認め合う、諸問題解決のために友人と話し合う（思考、判断）などのことである。これらのことは、表10のよう整理することができる。
　社会性の育成とは、他者との相互作用の基で必要とされる言語、態度、価値観、動機、習慣などを獲得し適応していくものである。そのため、学校教育においては、上記の内容を踏まえ、特に①人間関係を築く力、②集団生活を営む力、③社会規範を守る力の育成が求められる。これらは例えば、各教科の学習でグループ学習や体験発表をしたり、異年齢の交流活動や自然体験活動（学校行事）をしたりすることで身に付けることができる。そのために特別活動があるといっても過言ではない。
　なお、人間関係を豊かにし、自己肯定感や自己有用感などを味わうことを目的とした構成的エンカウンター（出会いの体験）やピア・サポート（子ども同士の支え合い）を取り入れた取り組みも有効である（図11）。

(2) 社会性の育成と望ましい集団活動

　社会性（society）とは、集団生活や社会生活に適応するとともに社会の一員として集団や社会の向上・発展に寄与することができる資質・能力のことをいう。人間は、社会的存在として、さまざまな人々と交流し、集団や社会を形成し、その中で社会的な自己実現を図っていく。
　児童生徒の社会性は、多様な集団生活におけるさまざまな体験を通して育成されるものである。例えば、「言葉づかいや服装、日常の生活様式の習得など自分自身が社会生活を送るうえで身に付けておかなければならない基本的な生活習慣の形成」、「社会のきまりやマナーの習得など集団や社会に適応するための能力」、「職業や役割をもって積極的に社会

参加しようとする意欲や態度」の育成などである。

学校における特別活動は、「望ましい集団活動を通して、……集団や社会の一員としてよりよい生活や人間関係を築こうとする自主的、実践的な態度を育てる……」ことを目標とし、児童生徒が自己の所属するさまざまな集団に所属感や連帯感をもち、集団生活や社会生活の向上のために進んで尽くそうとする態度や能力を養うなど、社会的な資質の育成をねらいとしている。つまり、集団による活動を活動形態とし、「なすことによって学ぶ」ことを特質としている特別活動は、当然学校における社会性の育成の中心的な役割を果たすことになる。

日常の学校生活や特別活動を通して、児童生徒の健全な社会性を育成するためには、所属する集団が望ましいものでなければならない。

「望ましい集団活動」は目標であるとともに、活動の基本的となる方法原理として重視される。「望ましい集団活動」については、一般に次のような条件が考えられる。

> ① 活動の目標を全員でつくり、その目標について全員が共通の理解をもっていること。
> ② 活動の目標を達成するための方法や手段などを全員で考え、話し合い、それを協力して実践できること。
> ③ 一人一人が役割を分担し、その役割を全員が共通に理解し、自分の役割や責任を果たすとともに、活動の目標について振り返り、生かすことができること。
> ④ 一人一人の自発的な思いや願いが尊重され、互いの心理的な結び付きが強いこと。
> ⑤ 成員相互の間に所属感や所属意識、連帯感や連帯意識があること。
> ⑥ 集団の中で、互いのよさを認め合うことができ、自由な意見交換や相互の関係が助長されるようになっていること。
>
> （小学校学習指導要領解説　特別活動編、平成20年）

(3) 特別活動の各活動・学校行事における「社会性」の育成

特別活動においてはぐくむ「社会性の基礎」としての社会的な資質としては、「学級の生活づくりのために自己の役割や責任を果たす態度」や「多様な他者との互いのよさを認め合って協力する態度」、「規律を守る態度」、「人権を尊重する態度」などを挙げることができる。

① 学級活動における「社会性」の育成（中学校の例）
　学級活動においては、次のような取組みが考えられる。

| 学級活動　内容(2)ウ　社会の一員としての自覚と責任 |

○社会生活上のルールやモラルの意義について考えさせ、正義感や公正さを重んじる心、自律・自制の心などの大切さを理解させるとともに、社会生活上必要なマナーやルールを体験的に習得させる。
○社会の一員としての義務や責任を理解し、責任ある行動や公共の精神に基づき、主体的に社会の形成に参画し、発展に寄与する態度や能力を育成する。

| 活動例 | 「集団生活におけるルールやマナー」、「自由と責任及び権利と義務」、「情報化社会におけるモラル」を題材として学級や学校の生活上の問題や地域における身近な問題などを取り上げ、話し合いやディベイト、パネルディスカッションなどを行う。 |

| 学級活動　内容(2)カ　ボランティア活動の意義の理解と参加 |

○ボランティア活動の意義を理解するとともに、ボランティア精神の涵養を図り、自発的な参加への意欲を高め、活動への参加方法についての啓発を図る。

| 活動例 | ボランティア活動（社会福祉活動、環境保全、保護活動、災害援助活動、地域コミュニテイづくり、国際社会への貢献・協力など）の紹介や講演、生徒のボランティア体験の報告会などを行う。 |

② 生徒会活動における「社会性」の育成
○集団や社会の一員としてよりよい学校生活づくりに参画し、協力して問題を解決しようとする自主的、実践的な態度の育成を図る。
○生徒会の企画する活動へ参加し、地域や他校との交流などを通して、社会貢献や社会参加について視野を広げ、社会の中で、豊かな人間性と自己実現を図ろうとする意欲や態度を培う。

活動例	○生徒会役員や各種委員会の委員として、生徒会活動の企画や運営にかかわること、全校生徒による学校行事（新入生を迎える会や卒業生を送る会、各種レクリエーションなど）に参加したり、かかわったりすること　など ○生徒の呼びかけによる地域の福祉施設や社会教育施設等でのボランティア活動に参加すること　など。

③　学校行事における「社会性」の育成

○勤労生産・奉仕的行事への参加を通して、職業や進路に関する啓発的な体験を行ったり、ボランティア活動などの社会奉仕の精神を養ったりする。

活動例	職場体験（3～5日間）、各種の生産活動、上級学校や職場の訪問・見学、学校美化の活動、地域社会への協力や学校内外のボランティア活動など

　各学校においては、上記のように、目標・内容を押えて、多様な取り組みを行うことが期待されている。

課　題

1. 特別活動の各内容項目は相互に関連しています。整理してまとめてみましょう。
2. 特別活動と各教科、道徳、総合的な学習の時間などとの関連について図にまとめてみましょう。
3. あなたが、小学校、中学校、高等学校時代に経験した「ボランティア活動」について振り返ってみましょう。
4. 「望ましい人間関係づくり」をねらいとした学級活動には、どのような題材や展開が考えられるでしょうか。
5. 児童会・生徒会活動や学校行事において、どのような取り組みが「人間関係づくり」に効果があると思うか、考えてみましょう。

Ⅱ　特別活動の実践

――全体計画と指導計画、学級活動、児童会活動、
　クラブ活動、学校行事、安全と危機管理、評価――

Chapter 5　第5章

特別活動の全体計画と各活動・学校行事の指導計画

　特別活動の全体計画の作成については従前は言及されていなかった。今次改訂では、「第3　指導計画の作成と内容の取り扱い」で「全体計画」や「各活動・学校行事」の年間指導計画の作成について述べてある。そこで本章では、全体計画や各種年間計画の性格や意義、計画に盛り込む内容及びそのための配慮事項、ならびに全体計画以下、各種年間計画の具体的事例を示し、理解が容易になるようにした。これらの計画のもとに特別活動がより有機的に展開されるようにするとともに、他教科・領域との関連を明確にすることにより、重点化を図った指導の在り方を全教育活動から捉えるようにする必要がある。ここでは、全体計画や各種計画の意義や具体的な内容について学習する。

第1節　特別活動の全体計画と指導計画

1. 全体計画と指導計画とは

(1) 全体計画

　特別活動は、学級（高：ホームルーム）活動、児童会（中・高：生徒会）活動、クラブ活動（小学校のみ）、学校行事の4（中・高校は3）つの内容から構成されている。それらの特質を押さえながら適切に展開していくことが求められる。そして、特別活動の目標に示されている「自主的・実践的な態度」の育成や「自己の生き方を考え深め」、「自己を生かす能力」を一人一人に養うこと、つまり特別活動の目標を調和的・効果的に達成できるようにするために、各学校で作成する特別活動の全体の指導計画を「全体計画」と呼ぶのである。

　その構成内容については、4つの内容全体が一見できるようにし、また相互の関連や1年間の主な流れが記されていることが望ましい。盛り込む内容については次項に示した。

(2) 指導計画

　全体計画に基づいて、学校や学年・学級ごとに、指導目標、指導内容、指導の順序、指導方法、使用教材、指導の時間配当、評価などを示した、具体的な指導計画が各活動・学校行事の「年間指導計画」である。

　その年間指導計画に基づいて、例えば、1つの学校行事において最初から最後までの一連の流れを上記項目等で示し、さらに具体的手立てや実践・指導・配慮・評価等を示して、日常の指導で使用する計画を「指導計画」という。例えば、全体計画から学級ごとの計画に至る主な流れは以下のようである。

```
┌─────────────────────────────────────┐
│        特 別 活 動 の 全 体 計 画      │
└─────────────────────────────────────┘
                  ⇩ ⇩
┌─────────────────────────────────────┐
│          学級活動の〔共通事項〕         │
│  (1) 学級や学校の生活づくり            │
│        ア・イ・ウ                      │
│  (2) 日常の生活や学習への適応及び健康安全 │
│        ア・イ・ウ・エ・オ・カ・キ       │
└─────────────────────────────────────┘
        ⇩ ⇩         ⇩ ⇩         ⇩ ⇩
┌──────────┬──────────┬──────────┐
│  1・2学年  │  3・4学年  │  5・6学年  │
├──────────┴──────────┴──────────┤
│        学 級 活 動 の 内 容          │
└──────────────────────────────────┘
        ⇩ ⇩         ⇩ ⇩         ⇩ ⇩
┌──────────────────────────────────┐
│  ・発達課題  ・道徳の内容項目  ・道徳の重点 │
└──────────────────────────────────┘
        ⇩ ⇩         ⇩ ⇩         ⇩ ⇩
┌──────────────────────────────────┐
│ 学校としての学級活動の年間指導計画←関連考慮 │
└──────────────────────────────────┘
         ⇩⇩⇔学級集団育成上の課題⇔⇩⇩
┌──────────────────────────────────┐
│ 学級ごとの学級活動の年間指導計画←関連考慮   │
└──────────────────────────────────┘
                  ⇩ ⇩
┌──────────────────────────────────┐
│ 学級ごとの学級活動の1単位時間の指導計画←関連考慮 │
└──────────────────────────────────┘
```

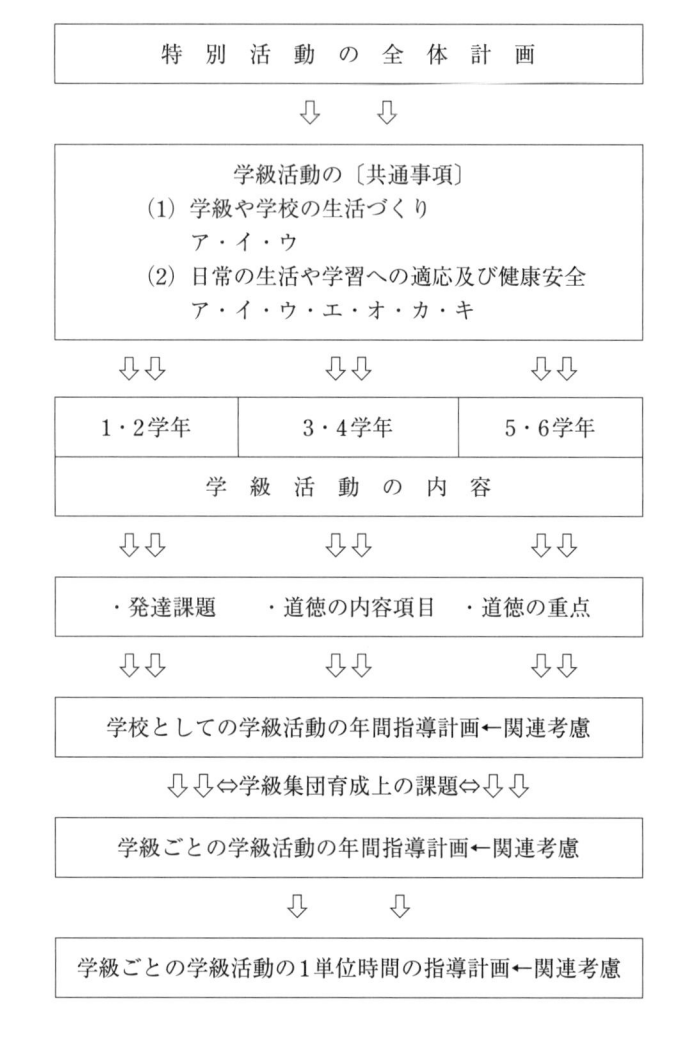

(3) 計画作成の意義

　特別活動の全体計画を作成することによって、全職員が自校の特別活

動全体や4つの内容の重点、年間指導時間数や設置する委員会・クラブ名や実施する学校行事等の共通理解が図られる。例えば、1年生の担任のみならず学級外の教師でも委員会やクラブの指導に当たる。このように、特別活動は学校全体で取り組むことが多く、協力・協業、協働体制が重要・不可欠である。その意味からも「全体計画」で特別活動を理解し、全校一体となって特別活動に取り組み、目標を達成させる手立てとして大切なものとなっている。

2. 全体計画の内容

(1) 内容

前述したように、全体計画は一見で捉えられるような内容で記述しておくことが大切である。もちろん、細かな指導計画を盛り込むことは不可能である。以下に主な内容を示すが、それぞれの学校で取捨選択し適切に記述する等の工夫をして作成することが望ましい。

〈全体計画に盛り込みたい内容〉

---

① 特別活動の重点目標―自校でその年に重点的に育成したい態度や能力
② 学校教育目標や指導の重点との関連―自校の教育目標と特別活動の重点目標との関連性
③ 各教科、道徳(道徳の内容項目や道徳の重点)、外国語活動及び総合的な学習の時間などとの関連―特別活動の重点目標を達成するための他教科・領域等の課程編成
④ 学級活動・児童会活動・クラブ活動・学校行事の目標と指導の方針―重点指導と4つの内容との関連性
⑤ 特別活動に充てる授業時数や設置する委員会、クラブ、実施する学校行事―総・各時間数や実施曜日や月日
⑥ 学級活動の各内容に充てる授業時数―低・中・高別、内容別に(1)・(2)の時数
⑦ 評価の観点―重点項目との関連から設定
⑧ その他―特別活動と関連が深く教育的意義のある内容

〈小学校特別活動全体計画の事例〉

---

(2) 学校の指導体制・組織

大前提として、自校の教職員全員が「全体計画」に基づいて特別活動

平成21年度　特別活動全体計画

の指導についての共通理解を図っておくことが大事である。特別活動の内容の多くは全校児童にかかわるので、指導体制を十分に確立しておかないと円滑な運営に支障が起こる。そのため年度当初から組織を明確にして運営することが必要である。例えば、クラブ活動の指導担当者を複数制とし、上・下学年の担任の組み合わせにするとかの工夫をする。または、クラブ活動でペア・クラブを設けて、一方の指導者が欠けても他方の指導者が一緒に指導する等の工夫をすることで円滑に展開することができるのである。

(3) 多様な指導法

　学級における指導について、従来は一学級一担任指導という形態が多く、個性の伸長を図っていく指導において、一人一人のよさを十分に捉えきれず、集団の中で生かすことに困難さが生じていた。そこで、単数者による指導から複数者による指導、授業展開へと転換してきつつある。例えば、学級外の教師が加わり教師によるチーム・ティーチングであったり、教師と学級補助員（「支援者」等さまざまな名称がある）や教師と外部協力者（ボランティア・保護者等）等の組み合わせであったりと、さまざまな形態で授業が実践されるようになってきた。もちろん、学級外の教員も自分の授業があるので常時参画できるとは限らない。予め十分に連絡を取り、計画を立案しておくことが必要である。

　「補助員」等については、教育委員会からの予算付けで配置される場合もある。また、「ボランティア」の導入については、学校全体にかかわってくる問題で、受け入れの状況について学校としてどのような体制を組むか、学校経営とかかわりがあり、学校組織としての方針が重要になってくので、十分配慮する必要がある。

　いずれにしても、適切に人的な配置をし、指導体制を組織化・確立して一人一人を確実に看取り、「為すことによって学ぶ」という実践指導を通して、特別活動の目標達成に向かっていくことが大切である。

第2節　小学校の全体計画作成の配慮事項

　特別活動の全体計画や年間計画の作成については、小学校学習指導要領第6章第3の1の(1)で、以下のように示されている。

> (1)特別活動の全体計画や各活動・学校行事の年間計画の作成に当たっては、学校の創意工夫を生かすとともに、学級や学校の実態や児童の発達の段階などを考慮し、児童による自主的、実践的な活動が助長されるようにすること。また、各教科、道徳、外国語活動及び総合的な学習の時間などの指導との関連を図るとともに、家庭や地域の人々との連携、社会教育施設等の活用などを工夫すること。

1.「学校の創意工夫を生かす」とは

　特別活動には、各教科のように具体的な内容まで示されていない。そこで、各学校では自校独自の特色ある指導計画を作成することができる

のである。各学校のおかれている状況は一律ではないし、地域性や歴史等さまざまな条件が違うので、自校のおかれている実態を十分に把握して適切な指導計画を立案することが望まれる。例えば、学校の歴史や伝統、学校経営の方針や年度の重点項目、地域のよさや特徴により違いが生じるであろう。具体的には、学校規模により児童・職員数にも違いがあり、職員の指導・組織体制や児童の委員会やクラブ活動の設置数等も違ってくる。また、学校の周辺が住宅地域か市街化地域か、あるいは自然豊かな地域かでも取り入れる活動内容が違ってくるであろう。いずれにしても、学校の環境や人的要素、地域の自然的・人的要素を十分に考慮し、創意工夫して計画を立案していくことが求められる。

2.「学級や学校の実態や児童の発達を考慮する」とは

　学級の実態として捉えておきたいことは以下の3点である。

　第1は、その学級の人間関係や集団としてのまとまりの具合（凝集性）はどうか。第2は、学級の問題を見付け・気付き、それらへの解決・改善への意欲や姿勢はどうか。第3は、問題に対する今までの経験の有無等、である。

　学校の実態として捉えておきたいことの第1は、児童数や学級数等の学校規模。第2は、指導に当たる教職員数や組織体制等の人的条件。第3は、学校の施設・設備等の物的条件等を挙げることができる。特に、児童会活動やクラブ活動、学校行事については、学校実態を考慮する必要がある。例えば、小規模校であれば委員会活動も複数を兼ねる組織に、クラブ活動でも集団活動にならないなどの問題が生じて児童の希望に添えないことも生じてくるであろう。逆に大規模校であれば、委員会活動でもより細分化した組織に、クラブ活動では活動の場の確保の問題等が生じてくることがある。

　「児童の発達段階を考慮する」とは、児童期における以下のような児童の発達課題を理解することである。

> ア．普通の遊びに必要な身体的技能の習得
> イ．自分の身体に対する健全な態度の形成
> ウ．友人との適切な仲間関係の成立

> エ．読み・書き・計算の基礎的な技能の発達
> オ．良心・道徳性・価値判断の尺度の発達
> カ．人格の独立性の発達
> キ．各種の社会的態度の発達

人が人としてよりよく発達していくためには、適切な時期に適切な指導がなされなければならない。また、これらの発達課題は、自然に達成され身に付くものではない。教師や周囲の意図的な働きかけを契機に、児童自身が主体的な生活経験を積み重ねることによって身に付くものである。それとともに、①「学校生活における集団活動の発達的な特質」（特別活動編P16～20）、②「発達段階に即した指導のめやす」（同P51～56）に留意して全体計画を作成していくことが望ましい。

発達段階への考慮ということで、今次改訂では「学級活動」の内容に明確に示されているので3観点から捉えてみる。

〈学級への望ましい態度〉	〈めざす学級〉	〈取り組む態度〉
1・2年：仲良く助け合い	楽しくする	進んで
⇩	⇩	⇩
3・4年：協力し合って楽しい	学級生活をつくる	意欲的に
⇩	⇩	⇩
5・6年：信頼し支え合って楽しく豊かな	学級や学校の生活をつくる	自主的に

発達段階を踏まえて以上のように示されているので、これらを前提にして全体計画を作成することが肝要である。

3．「児童の自主的、実践的な活動を助長する」とは

特別活動の目標に、「……自主的、実践的態度を育てる……」と示されている。特別活動で育てようとする資質や能力は、児童自らが考え、高めようとする自主的、実践的な活動を通して身に付くのである。

まさに、「なすことによって学ぶ」ということであるから、「望ましい集団活動を通して」行われるさまざまな実践活動が自発的、自主的に行われるようにすることが重要である。例えば、学級活動の「(1)学級や学校の生活づくり」や児童会活動、クラブ活動は児童の自発的、自治的な活動を特質とするものであるため、自発的、自治的な活動を一層効果的に展開することが、自主的、実践的な活動を助長することになる。

また、学級活動の「⑵日常の生活や学習への適応及び健康安全」や学校行事においては、教師の指導が中心になるが、内容の特質に応じて、計画や運営に、教師の適切な指導の下で、児童の自主的、実践的な活動をできるだけ取り入れていくことも助長することにつながる。
　例えば、児童が学校行事である運動会や卒業式等の計画や運営に参加すること等、適切な活動の場と、より多くの機会を設けて活動させることも助長することにつながっていくのである。
　自主的、実践的な態度は、一朝一夕には身に付くものではないし、一部の教師の指導・努力で成果が上がるものではない。学校の全教職員が全体計画や指導計画を共通理解し、児童の活動意欲の高め方、問題を発見し活動するための配慮事項等について、学校として明確にし、組織的に指導していくことが大切である。

4.「各教科、道徳、外国語活動及び総合的な学習の時間などの指導との関連を図る」とは

　特別活動の指導に当たって、各教科・領域で育成された能力が特別活動の中で十分に活用できるようにするとともに、特別活動で培われた協力的で実践的な態度が各教科等の学習に生かされるように関連を図ることである。特に、今次改訂で小学校特別活動の目標に加えられた「……自己の生き方についての考え（を深め……）」は、道徳にも今次改訂で加えられた共通の目標である（中学校：「人間としての生き方についての自覚を深め」、高等学校：「人間としての在り方生き方についての自覚を深め」）。このように共通に示された意義を十分に踏まえて、積極的に道徳との関連を図り、特別活動においても道徳的実践の指導の充実を重視した指導をしていくことが求められる。
　また、各学校がそれぞれの学校の教育目標の具現化に向けて、各教科・領域や生徒指導等から特別活動との関連を図った全体計画を作成するであろう。その際、学校の実態から特別活動として何に重点を置いて計画を立案するのか重点目標を定め、それぞれの役割を明確にしておく必要がある。なかでも、体験的な活動は、全教育活動で展開され自然体験や社会体験等を通して、「自己の生き方についての考えを深める」ことが求められている。このことからも、その体験的な活動が特別活動が望ましいか、各教科・領域、または生徒指導上が望ましいのか、学校実態を十分に考慮し、「体験な活動」を位置付けていくことが肝要である。

例えば、学校行事である学年遠足に社会科の見学学習を取り入れて実施したとき、その目標をどのように設定し、どのような内容で実施するかを明確にして、計画に位置付けておくことが必要である。

5.「家庭や地域の人々との連携、社会教育施設の活用などを工夫する」とは

　学級活動の「(1)学級や学校の生活づくり」は、児童の手によってなされるが、よりよい学級や学校の生活づくりは、学校の中だけで形成されるものではない。家庭や地域の実生活を通しても身に付き、それらが学校生活に反映してくるのである。であるから、家庭や地域などの実生活や実社会との関連を一層深めていくことが大切である。

　また、特別活動では、我が国の伝統と文化を尊重する態度を育成することや、自然との触れ合い、奉仕や勤労の精神の涵養などにかかわる体験的な活動を一層重視することが求められている。

　そこで、特別活動の内容の特質に応じて、これらを取り上げるようにすることが望まれる。例えば、クラブ活動で郷土の人形浄瑠璃を取り入れ、地域の人々に指導を受ける。そのことにより伝統と文化を尊重する態度の育成や交流による触れ合いから、地域への愛着や地域の人々への尊敬の念や思いやりが生まれてくる。また、委員会活動で福祉委員会が近所にある福祉施設の人々と継続交流していくことなどの活動により、奉仕の精神やそのことに喜びを感じることができる。

　さらに、近隣にある社会教育施設の活用については、青少年自然の家、公民館や児童館、公立図書館や郷土資料館や博物館、美術館や科学館、音楽ホールや市民会館、各種運動施設や地域の広場・公園等地域の実態に応じて積極的に活用していくことが求められる。例えば、児童からテニスクラブの希望があり、学校に施設がなく地域にある市営テニス場があれば、市の管理者と交渉して許可を受け、一定時間借用し活動することもできる。また、青少年自然の家を活用した異学年集団による宿泊体験活動や、公民館・児童館・資料館等への掲示物による学習内容・活動の発表等も可能である。

6. 特別活動の授業時数

　法規的には、学校教育法施行規則第51条別表第1に示され、学習指導

要領第1章「総則」の第3（授業時数等の取り扱い）に、以下の2点が示されている。

> ① 学級活動35時間（1年生34時間）
> ② 児童会活動・クラブ活動・学校行事については、内容に応じて、年間・学期ごと・月ごと等に適切に授業時数を充てる

これらに基づいて、学校や児童の実態に応じて学級活動以外の授業時数を配当することになる。つまり、②の活動については決められた授業時数は規定されていないので、学校教育全体の中で適切に生み出して、これらに充当していくことになる。

第3節　小学校の年間計画作成の配慮事項

特別活動の指導計画を作成するに当っては、第2節ですでに述べてあるが、学習指導要領第6章第3の1の(1)に以下のように示されている。

> (1)特別活動の全体計画や各活動・学校行事の年間指導計画の作成に当たっては、学校の創意工夫を生かすとともに、学級や学校の実態や児童の発達の段階などを考慮し、児童による自主的、実践的な活動が助長されるようにすること。また、各教科、道徳、外国語活動及び総合的な学習の時間などの指導との関連を図るとともに、家庭や地域の人々との連携、社会教育施設等の活用などを工夫すること。

アンダーラインの個所が今次改訂で加えられたものであり、各学校で全体計画や年間計画を作成することとなっている。その際、他教科・領域との関連を図るように配慮することが求められている。また、内容の取り扱いについては、第6章第3の2の(1)に以下のように示されている。

> (1)〔学級活動〕、〔児童会活動〕及び〔クラブ活動〕の指導については、指導内容の特質に応じて、教師の適切な指導の下に、児童の自発的、自治的な活動が効果的に展開されるようにするとともに、内容相互の関連を図るようにすること。また、よりよい生活を築くために集団としての意見をまとめるなどの話合い活動や自分たちで決まりをつくって守る活動、人間関係を形成する力を養う活動などを充実するよう工夫すること。

アンダーラインの「また、……」以降が今次改訂で加えられたものであり、改訂における課題解決の方向性が具体的に示されている文言である。そこで、以下に各活動・学校行事の年間計画作成及び内容の取り扱いにおける配慮事項を挙げてみた。

1．学級活動

指導計画作成について学級活動は、第6章第3の1の(2)に以下のように示されている。

> (2)〔学級活動〕などにおいて、児童が自ら現在及び将来の生き方を考えることができるよう工夫すること。

また、内容の取り扱いについては第6章第3の2の(2)に以下のように示されている。

> (2)〔学級活動〕については、学級、学校及び児童の実態、学級集団の育成上の課題や発達課題及び第3章道徳の第3の1の(3)に示す道徳教育の重点などを踏まえ、各学年段階において取り上げる指導内容の重点化を図るとともに、必要に応じて、内容の関連や統合を図ったり、他の内容を加えたりすることができること。また、学級経営の充実を図り、個々の児童についての理解を深め、児童との信頼関係を基礎に指導を行うとともに、生徒指導との関連を図るようにすること。

この部分が従前はどのように示されていたかを確認してみる。

> (2)学級活動については、学校や児童の実態に応じて取り上げる指導内容の重点化を図るようにすること。また、生徒指導との関連を図るようにすること。

これらの内容の取り扱いを比較したものが以下である。

〈　従　前　〉　　　　〈　今　次　改　訂　〉
①学校や児童の実態　　①学級、学校及び児童の実態
②指導内容の重点化　　②学級集団の育成や発達課題
③生徒指導との関連　　③道徳教育の重点化

④各学年で指導内容の重点化
⑤内容間の関連・統合・他内容を加える
⑥学級経営の充実
⑦個々の児童理解
⑧児童との信頼関係
⑨生徒指導との関連

　これで明らかなように新たに、児童理解や学級の実態、発達段階、道徳を含めた他との関連や各学年の重点化、学級経営や信頼関係等を配慮するように求められている。前出、第2節の2「学級や学校の実態や児童の発達を考慮する」の中で触れたが、今次改訂で低・中・高学年別に示された発達段階に応じた意義を十分理解することが大事である。

　また、共通事項における「(1)学級や学校の生活づくり」と示された具体的内容の項目を年間計画や日常の指導の中にどのように組み込んで取り扱っていくか、学級の実態に応じた計画と指導が求められる。つまり、そのことは学級担任の学級経営そのものであるし、学級経営の充実に繋がってくる。学級活動は、児童が自らの生活や現在及び将来に夢や希望をもちつつ、目標に向かって生きようとする意欲や態度を育てるようにすることが大切なのである。

(1) 学級活動の年間指導計画

　次に年間指導計画作成や日常の取り扱いについて、学級活動と学級経営が一体化することが望ましい内容事項を捉えてみる。
　①学校教育目標や学年目標と学級目標→すべての活動は学校教育目標の具現化のために行われるので、学級活動の目標も含め一貫していることを明らかにする。②学校全体・学年・学級での育てたい力→身に付けさせたい態度や能力で、できるだけ具体的に示しておく。③学級経営の重点と学級活動で取り上げる議題（学級や学校の生活づくり）→年間を見通して担任としての経営の重点と生活づくりの議題の概略を一致させるようにする（「学級経営案」との関連を）。④学校全体年間教育計画と学級活動（適応及び安全指導）→各分掌で実施される諸教育計画と一致させるようにする。⑤学年による(1)の生活づくりと(2)の適応指導の時間→学級活動は年間指導時数が35時間（1年生は34時間）で、学年の発達や学級の実態に応じて適切に配当する。⑥特別活動内の関連→学校行事・児童会活動・クラブ活動との重複を避け、重点化し深化を図る。⑦各教科・他領域との関連→学級活動の目標を明確にするとともに、その

活動が他の教科内容等とどのように関連するかを明らかにする。⑧評価→「いつ・どこで・なにを・どのように」評価するか、そのためには「育てたい力」をはじめとして、その時期・方法・内容を確立しておくことが必要である。

例えば、学級経営で、児童の発想による諸活動を進め、意欲的に取り組む態度の育成を、「育てたい力＝生きる力（より具体的に）」とすること。「総合的な学習の時間」の目標の「自ら課題を見付け、自ら学び、自ら考え、主体的に判断し、よりよく問題を解決する……」との関連から、「育てたい力＝問題解決の力」と設定すること。児童会活動の異年齢集団との活動を通しての「協力・共同・助け合い・リーダーシップ等＝かかわる力」として、それぞれの活動の時期に適宜評価し、学級経営に生かすことができるであろう。いずれにしても、学級経営の視点を明確にしておくことが重要であり、各学級で「学級経営構想図（案）」を作成して、学校全体で取り組んでいくことが望まれる。

これらを踏まえて年間指導計画を作成することが必要であり、以下の内容を盛り込むことが望ましい。

〈学級活動年間指導計画の内容〉

1. 学校や学年、学級の指導目標
2. 育てたい力
3. 指導内容（予想される議題例、題材名）と時期
4. 指導のための時間配当
5. 特別活動の他の内容との関連
6. 他教科等の関連
7. 評価の観点

(2) １単位時間の指導計画

１単位時間の指導計画は、一般には「学級活動指導案」との名称で呼ばれている。学級活動の内容には「(1)」と「(2)」がある。それぞれの特質により違いがあり、それを明確にするとともに、指導案の内容について示した。

(3) 学級活動の活動形態

学級活動の指導の成果を上げるには、内容「(1)」・「(2)」の特質を踏まえ、以下に示すような形態に応じ、効果的な活動が適切に行えるように

することが大切である。

① 話合い活動

　この活動は、学級活動の中心的な活動形態であり、担任の学級経営にもかかわる活動となる。

　上記内容「(1)」にかかわって中心となる学級会においては、以下に示した内容を学校全体として共通理解を図り、発達段階に応じて計画的な指導が行われることが必要である。

学級活動の内容「(1)」	学級活動の内容「(2)」
特質：集団での話し合いを通して、①集団の目標決定　②集団で実践　③児童の自発性・自治的な活動	特質：集団での話し合いを通して、①個人の目標決定　②個人で実践　③児童の自主的・自治的な活動
〈指導内容〉 ○議題名 ○児童の実態と議題選定の理由 ○事前の活動（本時までの活動） ○本時のねらい ○本時の活動計画（児童の活動計画） ○指導上の留意点　　↓内容↓ ○使用する教材・資料　○議題名 ○事後の活動　　　　○役割分担 ○評価の観点　　　　○提案理由 　　　　　　　　　　○話し合い順序 　　　　　　　　　　○気を付けること	〈指導内容〉 ○題材名 ○児童の実態と題材選定の理由 ○本時ねらい ○事前指導 ○指導過程（導入・展開・終末） ○使用する教材・資料 ○事後指導 ○評価の観点
〈教材・資料〉 学級会・係活動・集会活動の計画や運営	〈教材・資料〉 〔共通事項〕に沿った問題の状況・原因データ・解決への情報・事例

> ○学級会の議題の見つけ方
> ○議題の選定の仕方
> ○司会・記録の仕方
> ○活動計画の作成
> ○学級会の円滑な進め方
> ○集団決定の仕方
> ○役割分担の名称

　内容「(2)」にかかわっての話合い活動は、教師が指導・解決すべき内容が多く、教師が主導的に進めるものである。

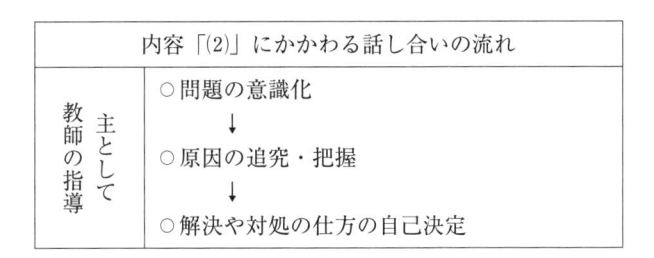

内容「(2)」にかかわる話し合いの流れ	
主として教師の指導	○ 問題の意識化 ↓ ○ 原因の追究・把握 ↓ ○ 解決や対処の仕方の自己決定

　しかし、場合により教師の指導と児童の自主的な活動とを適切に組み合わせて展開することも考えられる。その際には、学級の実態や児童の発達を考慮し、指導内容に応じて効果的な指導方法を工夫することが大切である。

② 　係活動

　この活動は、学級の児童全員の力で学級生活を豊かにするために行う活動である。学級内のさまざまな仕事を分担処理するために、自分たちで話し合い、係の組織をつくって係ごとに自主的に活動していくものである。そのために、係の種類・数・名称等は学年や学級によって異なり、学期当初に組織することが多いが、必要に応じて設置することも考えられる。

　大切なことは、児童が十分創意工夫して計画し、活動できるように適切に指導することである。例えば、係活動の名称により仕事の内容が固定化されてマンネリ化することがある。名称変更することにより、捉える視点が変わり、活動の範囲が広がり、新たな創意工夫による活動が展開されることが期待できる。

③ 　集会活動

　この活動は、学級生活をより楽しく、充実・向上させるために学級全員が集まり、役割分担をして行う活動である。学期ごとなどに学級会において話し合って計画し自主的に運営していくため、発達段階に応じて適切な指導が必要となる。以下、集会活動でのポイントを図示してみる。

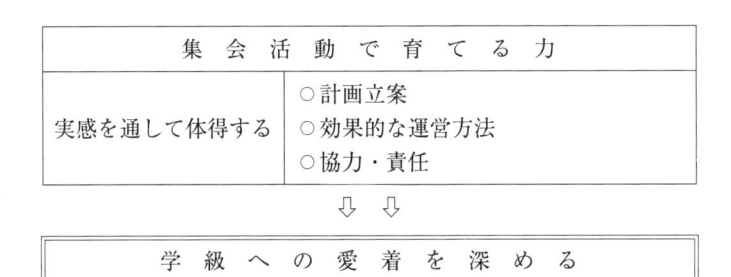

集 会 活 動 で 育 て る 力	
実感を通して体得する	○計画立案 ○効果的な運営方法 ○協力・責任

⇩ ⇩

学 級 へ の 愛 着 を 深 め る

2. 児童会活動

内容の取り扱いについて第6章第3の2の(3)に、以下のように示されている。

> (3)〔児童会活動〕の運営は、主として高学年の児童が行うこと。

この部分は、従前と変わりなく示されている。児童会活動の内容は「学校の全校児童をもって組織する……」とあり、今次改訂で以下の3点が新たに示された。

> (1)児童会の計画や運営
> (2)異年齢集団による交流
> (3)学校行事への協力

「……全校児童をもって……」ということは、児童会活動は異年齢集団であるという大前提がある。つまり、ここで行われる活動は即「(2)異年齢集団による交流」になり、その集団が自主的・自発的、自治的に実践活動を展開していくというものである。

そのために教師の作成する指導計画については内容・時間・方法などを大枠で示すにとどめ、児童が自分の役割や責任を自覚して取り組み、役立つ喜びを味わうようにする。具体的な活動は内容の「(1)児童会の計画や運営」とあるように児童の手に委ねて、具体的な活動計画が立案できるようにし、さまざまな役割や立場を実践的に学ぶ場とすることが肝要である。

運営については、取り扱いでも示されているように「主として高学年……」児童が行うことになる。しかし、内容に「学校生活の充実と向上を図る活動を行うこと」とあり、活動そのものは学校全体にかかわり、指導も全教職員が当たることになるので、十分に共通理解を図って、それぞれが役割を分担して適切に指導していくことが必要である。

〈児童会活動計画例〉

以下に、児童会活動を展開するうえでの計画の事例を挙げてみる。

(1) 指導目標
○児童の創意工夫を生かした自発的、自治的な実践活動を通して、よ

りよい学校づくりを児童の立場から取り組ませる。
- ○集団運営に、積極的に参加する態度を養い、友達と協力して個性を伸ばす契機とさせる。
- ○児童一人一人の活動が集団の中で認められ、より高い課題に向かい続ける態度を養う。

(2) 児童会活動の重点目標
　　「笑顔で贈ろうあいさつの贈り物」

(3) 活動内容
　　・代表委員会　・委員会活動　・集会活動（特別＝１年生を迎える会・夏の集会・秋の集会・６年生を送る会、児童集会）
　　・あいさつ運動

(4) 児童会の組織

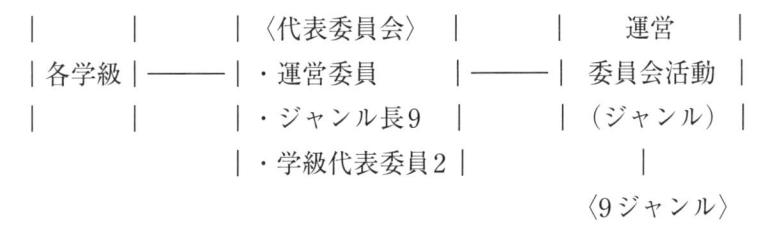

```
|      |        |〈代表委員会〉|      |   運営    |
|各学級|────|・運営委員    |────| 委員会活動|
|      |        |・ジャンル長9 |      | （ジャンル）|
|      |        |・学級代表委員2|     |           |
                                      〈9ジャンル〉
```

　　（9ジャンル：情報・体育・美化・給食・保健・図書・集会・
　　　　　　　　　飼育栽培・国際文化）

(5) 児童会の年間計画

月	日	代　表　委　員　会	児　童　集　会	
			特　別	定　例
4	20	重点目標 １年生を迎える会の計画あいさつ運動の計画		
	27		１年生を迎える会	
5	7	重点目標への取り組み １年生を迎える会の反省 夏の集会の計画（テーマ）		
	25			委員会紹介
6	4	夏の集会の計画（内容提案）		
	25		夏の集会	
7	2	夏の集会の反省 夏休みの生活 重点目標の反省		
	6			音楽集会 森っ子コンサート
9	10	運動会の取り組み		

	19		児童集会 図書ジャンル	
10	22	運動会の反省 秋の集会の計画 赤い羽根募金計画		
11	16			児童集会 給食ジャンル
	19	秋の集会の計画 赤い羽根募金の報告		
	26		秋の集会 昼休み〜5校時	
12	3	秋の集会の反省 冬休みの生活 重点目標の反省		
	7			音楽集会 森っ子コンサート
1	18			児童集会 保健ジャンル
	21	6年生を送る会の計画 卒業生代表委員会引退		
	25			音楽集会 鼓笛引継ぎ 森っ子コンサート
2	18	6年生を送る会の計画		
3	4		6年生を送る会	
	11	6年生を送る会の反省 重点目標の反省		

(6) 委員会の構成と活動内容

ジャンル	担当	集合場所	主 な 活 動
運営	OH BA	児童会 運営室	・代表委員会の計画・運営 ・各種全校集会の計画・運営 ・あいさつ運動・森っ子の約束呼びかけ ・赤い羽根募金
国際文化	WA HO	2の1	・ユニセフ募金・トルファン交流 ・国際コーナーの展示・掲示・発表 ・ペットボトルキャップ収集
集会	TU AB	6の2	・児童集会の司会 ・森っ子コンサート司会 ・ふれあい集会の計画・運営 ・全校レクリエーションの企画
保健	KA KW	保健室	・月別保健目標の取り組み・発表 ・保健室当番 ・衛生検査 ・トイレットペイパー・石けん配布

給食	BA HA	少人数教室	・給食アンケート・クイズ ・配膳員さん協力 ・ポスター作り ・残さい減の呼びかけ
飼育栽培	TA KO	3の2	・飼育当番 ・動物との触れ合い企画 ・花壇の手入れ・水やり・草取り ・しいたけ管理
情報	TA YA	5の2	・校内放送 ・番組制作 　（先生紹介・森んピック紹介等） ・学校新聞
図書	SA YA	図書室	・図書当番 ・本の貸し出し・整理 ・読書月間の取り組み・発表 ・本・紙芝居の読み聞かせ
体育	KA HA	1の2	・体育用具整理 ・休み時間のボールの貸し出し ・スポーツ大会の計画・運営 ・森んピック運営
美化	MO WA	4の2	・広場・ギャラリー掲示板の環境 ・季節の掲示物作成 ・清掃・掃除ロッカーチェック ・そうじ方法の紹介

3．クラブ活動

　内容の取り扱いについて第6章第3の1の(3)で、以下のように示されている。

> (3)〔クラブ活動〕については、学校や地域の実態等を考慮しつつ児童の興味・関心を踏まえて計画し実施できるようにすること。

　この部分も、従前と変わりなく示されている。クラブ活動の内容は「学年や学級の所属を離れ、主として第4学年以上の同好の児童をもって組織するクラブにおいて、異年齢集団の交流を深め、共通の興味・関心を追求する活動を行うこと」とあり、今次改訂で(1)クラブの計画や運営、(2)クラブを楽しむ活動、(3)クラブの成果の発表、の3視点が新たに追加された。
　クラブ活動の指導計画作成にあっては、最初に児童数・学級数、指導

者の組織、施設・設備等の学校環境を考慮して、設置するクラブの数や人数、活動内容を決めてから計画することが必要である。例えば、小規模校では第3学年や低学年もクラブ活動に参加することや、集団活動になるようにするためクラブ数を減らすといったことも考えられる。

また、地域の実態を生かしてクラブを設置し計画を作成することも大切である。例えば、自然豊かな地域では、その環境を生かして野外活動を楽しむクラブを設置する。地域人材が豊富な地域では、積極的にそれらの人々と交流が図れるクラブを設置することも考えられる。

地域に文化施設・教育関連施設・設備がある場合には、それらを適切に活用するクラブを設置することも考えられる。いずれにしても、異年齢集団の児童の自発的、自治的な実践活動を特質とする教育活動である。教師が作成する指導計画は形式的・画一的・固定的なものでなく、基本的な枠組みの内容・方法・時間にとどめ、実際の活動は児童により一層具体的な活動計画が立てられるよう、弾力的・融通性に富むものすることが大切である。

計画作成に当たって、特に留意しておきたいことに安全確保の問題がある。活動内容そのものの危険性とその回避、活動の場の安全確保、指導者の不在解消、準備や後片付け等に十分留意することも大切である。

例えば、ソフトボールクラブでは、バットを使用するが勝手に素振りして、不注意で人を叩いてしまうこと。捕手に防具をしっかりと身に付けさせること。狭い校庭での多種目の運動クラブの活動や、自然体験活動における山野や海浜での安全確保。教職員の出張等による指導者不在を、複数配置やペア・クラブによる一体的な指導で補うこともを考えられる。

〈クラブ活動例〉

(1) クラブ選定までの流れについては70〜71ページを参照。
(2) 実施クラブの内容

	クラブ名	活動場所	指導者	人数
1	サッカー	校庭	KA	18
2	バドミントン	体育館	BA	25
3	テニス	若宮テニスコート	TA	15
4	ソフトボール	校庭	WA	18
5	卓球	ピロティ教室	TU	16
6	陸上・水泳	校庭	SA	12

7	パソコン	PCルーム	HO/OH	34
8	家庭科	家庭科室	BA/AB	26
9	科学	理科室	TA	19
10	アート	調べ学習室	WA	10
11	音楽オカリナ	音楽室	MO/HA	7
12	茶道	1F多目的室	HA	9
13	フラワーアート	図工室	KA/KO	9
No.11・12・13には、地域の方がGTとして入る。				

(3) 年間実施時間数は1単位時間60分で15回の実施である。

4．学校行事

　内容の取り扱いについて第6章第3の2の(4)で、以下のように示されている。

> (4)〔学校行事〕については、学校や地域及び児童の実態に応じ、各種類ごとに、行事及びその内容を重点化するとともに、行事間の関連や統合を図るなど精選して実施すること。また、実施に当たっては、異年齢集団による交流、幼児、高齢者、障害のある人々などとの触れ合い、自然体験や社会体験などの体験活動を充実するとともに、体験活動を通して気付いたことなどを振り返り、まとめたり発表し合ったりするなどの活動を充実するよう工夫すること。

　新たに、「異年齢集団による交流」、「体験活動を……するなどの活動を」の個所が今次改訂で追加された。このことは、今次改訂の際にさまざまな課題が指摘されたが、それらの解決に向けての手段を示すものであり、十分に留意したい。前第2節と本第3節の最初にも述べたが、指導計画の作成に当たっての留意すべき事項から、ここでは学校行事に絞って、次の7点について配慮事項を捉えてみた。

(1) 学校の創意工夫を生かす

　それぞれの学校は、自校の教育目標の実現を目指し、その具現化を図るために教育活動を展開している。そのうえに、学校の歴史や伝統、地域性や文化、環境条件や人的条件等さまざまな実態が異なっている。そこで、自校の教育目標の重点指導項目を捉え、学校を取り巻く諸条件を

生かし、教育活動に取り入れて指導計画を立案していくことが重要である。例えば、「知・徳・体」の教育目標であっても、年度によりその重点が変わることもある。そのときには、当然その重点に沿って実施されるから、学校行事の内容やそれに費やす時間数にも違いが生じてくるであろう。それらに柔軟に対応し、適切に指導計画を修正していくような創意工夫が求められる。

より具体的に例示すれば、「思いやりの心」と「心身の健全な発達」を重点とした場合、前者の場合、各教科や道徳の授業改善や心の教育の充実、実践指導の面から内容「(5)勤労生産・奉仕的行事」を充実することになろう。後者の場合、健康にかかわることや安全指導、体育科や体育的行事の充実の面から「(3)健康安全・体育的行事」を充実することになろう。

(2) 学級や学校の実態を考慮

学級や学校の実態とは、児童数や学級数、指導に当たる教員の人数や組織等の人的条件、講堂・体育館や運動場とその広さ等の物的条件を配慮して指導計画を作成することである。

例えば、文化的行事の「音楽・演劇鑑賞」や卒業式等の儀式的行事を行う場合、体育館の広さから全校児童が一堂に会することができずに、前者であれば低学年・高学年と分けて実施する。後者であれば、4年生からとか5年生からとか収容に合わせて計画することが考えられる。逆に、小規模校では、遠足や集団宿泊的な行事で複数学年とか近隣の学校との合同活動を計画することもある。

(3) 児童の発達段階を考慮

学校行事は全学年や複数の学年または学年単位で、参加する児童が同じ条件で一斉に活動することが多い。そのために、学年の心身の発達特性や発達程度を十分に考慮し、画一的・マンネリにならないように計画することが望まれる。

例えば、学年単位の遠足を計画する場合、当該学年の心身の発達や興味・関心、知的欲求や好奇心等によっても場所・内容・方法等が異なってくるであろう。いずれにしても、発達段階を考慮しつつ、行事のねらいが無理なく達成できるように計画することが肝要である。

(4) 自主的、実践的な活動の助長

学校行事の指導でも、児童が積極的に参加し、より活動を高めていくためにも、児童の自主的な活動が多く行えるように配慮して計画することも大切である。なかでも、学校行事と児童会活動の関連を密にしてねらい達成に近づくこともできる。

例えば、学校行事としての運動会と、児童会活動の関連を図ることが考えられる。具体的活動で開・閉会式に児童が参加・運営し、一部を分担することもできるのである。このように可能な限り児童が自主的に行えるように配慮し、楽しく参加できるように計画することが大切である。

(5) 各教科、領域との関連を図る

各教科、領域で身に付けた能力を学校行事においてよりよく活用できるようにすることであり、学校行事で身に付けた自主的、実践的な態度等を各教科等の学習に生かすことである。学校行事は、日常の学習の成果の発表や発展の場となるので、学校行事の年間指導計画作成に当たっては各教科、領域等の年間指導計画と有機的な関連をもたせるように作成することが大切である。そのことにより、無駄な重複を避け、焦点化して深く充実した活動ができるようになる。

例えば、体育の「F表現運動」の発表機会を運動会に設定した場合、運動会の他の種目と並行して指導することにより、地域も含めたより多くの人に発表する機会となり、児童の意欲も増すであろう。

(6) 家庭や地域の人々との連携や諸施設の活用

学校は単独に存在するのではなく、家庭や地域との関係のなかで存在する。そこで、家庭や地域の協力を得たり連携したりすることにより教育効果を上げることができる。そのためには、学校の教育について積極的に地域の人々に理解してもらうために、各家庭や地域社会への情報伝達や公開が必要である。また、学校行事と地域行事との一体化を図っていくことも理解を深める手段となり、学校と地域との連携が一層緊密になってくる。また、地域社会にある各種施設の活用は、児童に地域への愛着を増すことにもなり、積極的に活用するように計画を作成するようにしたい。

例えば、文化的行事の作品を地域の児童館や公民館に展示する。逆に、市民の公民館事業の作品を学校に展示したり、「音楽・芸術鑑賞」、「学習発表」等の行事に参加を促すことにより、地域と学校の連携が深くな

る。いずれにしても、教育的価値を検討し、児童の住む地域の特性を十分に計画に取り入れていくことにより、児童の望ましい成長や発達が期待できるであろう。

(7) その他の配慮事項

学校行事の年間指導計画の作成でさらに配慮すべき事項について以下に示した。

① 教師全体で作成する
② 指導計画に盛り込む内容
　　・行事のねらい　　　　・行事の実施時期・内容・時間数
　　・各教科等との関連　　・評価の観点
③ 年間指導計画の見直し
④ 指導に当てる時間数
⑤ 別途各行事の実施計画

上記の観点に立ち、各行事後や年間活動終了後に全教職員で振り返り、次年度に反映するようにし、常に改善していくことが重要である。

第4節　中学校の指導計画と配慮事項

1．全体計画と指導計画作成の要点

中学校における特別活動の全体計画と各活動・学校行事の指導計画の作成については、中学校学習指導要領第5章「特別活動」第3の1の(1)で、次のように示している。

> (1)特別活動の全体計画や各活動・学校行事の年間指導計画の作成に当たっては、学校の創意工夫を生かすとともに、学校の実態や生徒の発達の段階などを考慮し、生徒による自主的、実践的な活動が助長されるようにすること。また、各教科、道徳及び総合的な学習の時間などの指導との関連を図るとともに、家庭や地域の人々との連携、社会教育施設等の活用などを工夫すること。

特別活動の目標は、特別活動の各活動・学校行事の実践的な活動を通して達成されるものであり、その指導計画は、学校の教育目標を達成するうえでも重要な役割を果たしている。したがって、調和のとれた特別

活動の全体計画と各活動・学校行事の年間指導計画を全教師の協力の下で作成することが大切である。

ここで示した「特別活動の全体計画」とは、特別活動の目標を調和的かつ効果的に達成するために各学校が作成する、特別活動の全体の指導計画のことである。

特別活動の全体計画を作成するに当たっては、生徒の実態を十分に把握するとともに、生徒の発達の段階や特性等を生かすようにし、教師の適切な指導の下に、生徒の自主的、実践的な活動が助長できるようにすることが求められる。

特別活動の全体計画に示す内容には、次のようなものが考えられる。
○特別活動の重点目標
○学級活動、生徒会活動、学校行事の目標
○学級活動、生徒会活動、学校行事の全体的内容
○特別活動に充てる授業時数や設置する校内組織（校務分掌）
○学級活動に充てる授業時数
○各教科、道徳及び総合的な学習の時間との関連
○評価　など

学校教育には、教育課程には位置付けられていないが教育的意義が大きいものがある。例えば、特別活動と関連が深い朝の会や帰りの会、日常に行われている清掃や日直などの当番の活動、さらに、放課後等に生徒の自主的、実践的な活動として行われる部活動などがあるが、これらの関連などについても、特別活動の全体計画に示しておくことも大切である。

なお、部活動の教育的な意義等については、中学校学習指導要領第1章「総則」の第4の2の(13)で、次のように示している。

> (13)生徒の自主的、自発的な参加により行われる部活動については、スポーツや文化及び科学等に親しませ、学習意欲の向上や責任感、連帯感の涵養等に資するものであり、学校教育の一環として、教育課程との関連が図られるよう留意すること。その際、地域や学校の実態に応じ、地域の人々の協力、社会教育施設や社会教育関係団体等の各種団体との連携などの運営上の工夫を行うようにすること。

この特別活動の全体計画に基づいて、年間を通じた学級活動、生徒会活動、学校行事ごとの目標、その内容や方法、指導の流れ、時間の配当、

評価などを示したものが、「各活動・学校行事の年間指導計画」である。

2. 学校の指導体制・組織

　特別活動は全教師が指導に当たるため、全体計画を作成する際には、全教師の共通理解と協力体制が確立されるようにする。例えば、各学校における特別活動の意義や役割などを明確にして重点目標を設定したり、各活動・学校行事の内容を示したりすることが大切である。また、特別活動に充てる授業時数、設置する校内組織（校務分掌）や実施する学校行事等を明らかにしておくことが大切である。

3. 配慮事項

　特別活動の全体計画や各活動・学校行事の年間指導計画の作成に当たっては、次のような基本的な事項に配慮することが必要である。

(1) 学校の創意工夫

　特別活動は、その特質や内容からみて、各学校ごとに、それぞれの特色を生かした創意ある指導計画を立てて実施することが、特に期待されている。そのためには、まず、地域や学校、生徒の実態を踏まえ、学校としての基本的な指導方針を立て、それに即した創意ある計画を立てることが重要である。

　各学校における創意工夫は、地域の特色、学校や生徒の実態、そしてこれまでの実施の経験や反省などを生かして発揮されるものであり、指導計画の作成に当たっては、校内体制の確立とともに、創意工夫を生かした教育活動を行うために必要な時間が確保されるよう、全教師が協力していくことが大切である。

(2) 学校の実態や生徒の発達の段階及び特性等の考慮

　学校の実態や生徒の発達の段階及び特性等を考慮して指導計画を作成することは、各教科などの指導計画においても大切なことであるが、生徒の自主的、実践的な活動を助長する特別活動においては、特に重要である。したがって、指導計画を作成するためには、生徒の興味・関心、能力・適性等に関する十分な生徒理解に基づいて、各学校や各学年における重点目標、指導の内容、活動の方法などを明確にしておくことが大

切である。

(3) 生徒による自主的、実践的な活動

　特別活動においては、教師の適切な指導の下に生徒による自主的、実践的な活動が助長され、そうした活動を通して特別活動の目標の実現を目指すことが重要である。そこで、できるだけ生徒自身による計画に基づく活動を生かし、生徒が自ら進んで活動を行うように指導する必要がある。特に、中学生ともなれば、他から与えられた計画に従わせるだけでは活動意欲を失わせることにもなるので、特別活動の各内容及び活動内容の特質に応じて、生徒による自主的、実践的な活動が助長されるように指導することが必要になってくる。すなわち、望ましい集団活動とするためには、生徒が活動の計画を立てて実践するように配慮することが大切であり、そのことが特別活動における指導の基本の一つといえる。しかし、その際にも、常に教師による適切な指導がなされなければならない。

(4) 各教科、道徳及び総合的な学習の時間などの指導との関連

　特別活動の指導に当たっては、各教科、道徳及び総合的な学習の時間などの指導との関連を図る必要がある。具体的には、各教科等で育成された能力が特別活動で十分に活用できるようにするとともに、特別活動で培われた協力的で実践的な態度や能力が、各教科等の学習に生かされるようにすることである。とりわけ、道徳的実践の指導の充実が重視される特別活動においては、「人間としての生き方についての自覚を深め」がどちらの目標にも共通に示されていることを踏まえ、積極的に道徳との関連を図る必要がある。

　また、特別活動の体験活動と各教科、道徳及び総合的な学習の時間の活動との関連性がある場合には、相互に関連させて展開するよう配慮することが大切である。体験的な活動は全教育活動で配慮することが必要であるが、特に、特別活動、総合的な学習の時間の学習活動のいずれにおいても、体験活動の充実、生き方について考え、深めることが求められていることでもあり、各学校は、学校や地域の実態を生かして両者の関連に十分配慮する必要がある。そのことによって、それぞれのねらいが一層生かされ、特色ある教育活動づくりが推進されることにもなる。

　これらのことを踏まえ、各学校が教育目標の具現化に向けて、特別活動と各教科、道徳及び総合的な学習の時間、生徒指導などとの関連を図っ

た独自の全体計画を作成することが大事である。また、学校の実態を十分に考慮し、特別活動として何を重視すべきかなど重点目標を定め、それぞれの役割を明確にしておく必要がある。

(5) **家庭や地域の人々との連携、社会教育施設等の活用**

　特別活動は、家庭や地域との連携・協力が重要な意味をもつ教育活動であり、そうした幅広い教育力を活用した学校内外での体験活動は、生徒の調和の取れた人間形成を図るとともに人間としての生き方についての自覚を深めるうえで、極めて重要である。

　そのためには、各学校が家庭や地域との連携や交流を深め、その教育力の活用を図ったり、地域の自然や文化・伝統を生かしたり、社会施設等を活用した教育活動を展開していくことが必要である。また、特別活動の指導計画の作成に当たっては、地域や学校の特色を生かした指導計画の作成に配慮することが大切である。

(6) **特別活動の授業時数**

　特別活動に充てる授業時数については、学校教育法施行規則第73条別表第2に示されているが、中学校学習指導要領第1章「総則」の第3において、次のように示している。

> 1. 各教科、道徳、総合的な学習の時間及び特別活動（以下「各教科等」と言う。ただし、1及び3において、特別活動については、学級活動（学校給食にかかわるものを除く）に限る）の授業は、年間35週以上にわたって行うよう計画し、週当たりの授業時数が生徒の負担過重にならないようにするものとする。ただし、各教科等（特別活動を除く）や学習活動の特質に応じ効果的な場合には、夏季、冬季、学年末等の休業日の期間に授業日を設定する場合を含め、これらの授業を特定の期間に行うことができる。なお、給食、休憩などの時間については、学校において工夫を加え、適切に定めるものとする。
> 2. 特別活動の授業のうち、生徒会活動及び学校行事については、それらの内容に応じ、年間、学期ごと、月ごとなどに適切な授業時数を充てるものとする。

各学校においては、これらの規定に基づいて、学校や生徒などの実態を考慮し、学級活動以外の特別活動の授業時数を配当することになる。実際には、年間の授業に充て得る総授業時数から各教科等別に示された時数を除いた中から配当することになる。具体的には、生徒会活動や学校行事の目標やねらいが十分に達成できるようによく検討したうえで、年間、学期ごと、月ごとなどに適切な授業時数を充てるなどして、全体計画を作成する。

4．生徒指導の充実と教育相談

　特別活動は、その目標や内容、指導の形態や方法において生徒指導と深くかかわるものがあり、生徒指導の機能を指導計画の作成に十分に生かすことにより指導の効果を上げることができる。
　指導計画の作成にかかわって、中学校学習指導要領第5章「特別活動」の第3の1の(2)で、次のように示している。

> (2)生徒指導の機能を十分に生かすとともに、教育相談（進路相談を含む）についても、生徒の家庭との連携を密にし、適切に実施できるようにすること。

　また、生徒指導については、中学校学習指導要領第1章「総則」の第4の2の(3)で、次のように示している。

> (3)教師と生徒の信頼関係及び生徒相互の好ましい人間関係を育てるとともに生徒理解を深め、生徒が自主的に判断、行動し積極的に自己を生かしていくことができるよう、生徒指導の充実を図ること。

　生徒指導は、学校の教育目標を達成するための重要な機能の一つであり、一人一人の生徒の人格を尊重し、個性の伸長を図りながら、社会的な資質や行動力を高めるように指導、援助するものである。特別活動において、生徒指導の機能が有効に働くためには、共感的な人間関係を育成し、生徒に確かな存在感を与えるとともに、自己決定の場や機会をより多く用意し、生徒が自己実現の喜びを味わうことができるよう、指導上の配慮を行うことが大切である。
　学級や学校での生徒相互の人間関係の在り方は、生徒の健全な成長と

深くかかわっている。自他の個性を尊重し、互いの身になって考え、相手のよさを見付けようと努める集団、互いに協力し合い、主体的によりよい人間関係を築こうとする集団などが形成できるようにすることが重要である。

　特別活動の指導は、主に集団場面において、生徒の集団活動の指導・援助を通じて行われることから、生徒指導も集団場面における指導が基本となる。そして、特別活動の指導も生徒指導も、究極的には生徒一人一人の望ましい人格形成を図ることをねらいとしているので、学級活動等で学んだ内容を、生徒一人一人が身に付けるためには、集団場面に続いてあるいは平行して個別場面における指導がぜひとも必要である。

　個別指導の代表的な形態には教育相談がある。教育相談は、一人一人の生徒の教育上の問題として、本人またはその保護者などに、その望ましい在り方を助言することである。その方法としては1対1の相談活動に限定することなく、すべての教師が生徒に接するあらゆる機会を捉え、あらゆる教育活動の実践の中に生かしとて、教育相談的な配慮をすることが大切である。また、生徒との相談だけでは不十分な場合が多いので「生徒の家庭との連携を密にする」ことも必要である。

　また、進路相談は、卒業の時期に限らず、計画的、継続的な実施によって成果を挙げるように配慮する必要がある。

　教育相談の適切な計画を立てるためには、次のことに留意することが大切である。

○平素から、個々の生徒の理解に必要かつ適切な資料を豊富にする。
○全教師による協力的な取り組みにより、全生徒を対象とし、すべての生徒の能力・適性等を最大限に発揮できるように努める。
○生徒との直接の相談だけにとどめず、家庭との連携を密にし、生徒、教師、保護者の三者による相談のような形態も大切にする。また、相談内容に応じて、専門家や関係機関等との連携を図る。
○学級担任による定期的な相談だけでなく、学校全体で相談活動が随時行われるよう、相談体制の確立を図る。
○学級活動等における活動の内容との関連性にも考慮し、相談活動がより充実するように努める。

5. ガイダンス機能の充実

　指導計画の作成にかかわって、中学校学習指導要領第5章「特別活動」

の第3の1の(3)で、次のように示している。

> (3)学校生活への適応や人間関係の形成、進路の選択などの指導に当たっては、ガイダンスの機能を充実するよう[学級活動]等の指導を工夫すること。特に、中学校入学当初においては、個々の生徒が学校生活に適応するとともに、希望と目標をもって生活をできるよう工夫すること。

ガイダンスの機能の充実については、中学校学習指導要領第1章「総則」の第4の2の(5)で、次のように示している。

> (5)生徒が学校や学級での生活によりよく適応するとともに、現在及び将来の生き方を考え行動する態度や能力を育成することができるよう、学校の教育活動全体を通じ、ガイダンスの機能の充実を図ること。

現在、学校や学級での生活に十分に適応することができないなどの理由から、学習への意欲を失ったり、人間関係にかかわる問題を抱えたり、あるいは不登校の状態に陥ったりする生徒が見られる。また、学習における選択や進路の選択に当たって、目的意識をもたず、選択に当たって適切に対応できず、自分を見失いがちな生徒も見られる。こうした課題も踏まえ、学校生活における生徒一人一人の自己実現を進めていく観点から、本項が規定された。

ガイダンス機能の充実を図ることは、すべての生徒が学校や学級での生活によりよく適応し、豊かな人間関係の中で有意義な学校生活を築くようにするとともに、選択や決定、主体的な活動などに関して、適切な指導・助言を与えることによって、現在及び将来の生き方を考え行動する態度や能力を育てるうえで、極めて重要な意味をもつものである。

○学習活動など学校生活への適応	○学業や進路等における選択
○好ましい人間関係の形成	○自己の生き方など

⇩ 情報提供、案内・説明、活動体験
援助、相談

| よりよい適応 | 主体的な選択 | よりよい自己決定 |

ガイダンス機能の充実について、配慮の求められる教育活動としては、

次のようなことが考えられる。

(1) 入学時、新学期開始時期において、教師と生徒及び生徒相互の好ましい人間関係が生まれるように配慮するとともに、生徒自身が学校や学級における諸活動や集団の意義、内容などについて十分に理解し、自発的によりよい生活に取り組むことができるように創意工夫する。

(2) 新たな学習や各種の学習活動の開始時期などにおいて、生徒がこれから始まる学習に対して積極的な意欲をもち、主体的に活動に取り組むことができるよう各教科等において十分に配慮する。

(3) 進路の選択に関して、生徒一人一人が自己理解を深め、自己の将来の生き方を考え、卒業後の進路を主体的に選択し、さらに積極的にその後の生活において自己実現を図ろうとする態度を育てるように配慮する。

6．道徳との関連

特別活動と道徳との関連については、中学校学習指導要領第5章「特別活動」の第3の1の(4)で、次のように示している。

> (4)第1章総則の第1の2及び第3章道徳の第1に示す道徳教育の目標に基づき、道徳の時間などとの関連を考慮しながら、第3章道徳の第2に示す内容について、特別活動の特質に応じて適切な指導をすること。

第1章「総則」の第1の2においては、「学校における道徳教育は、道徳の時間を要として学校の教育活動全体を通じて行うものであり、道徳の時間はもとより、各教科、総合的な時間及び特別活動のそれぞれの特質に応じて、生徒の発達の段階を考慮して、適切な指導を行わなければならない」と規定されている。

これを受けて、特別活動の指導においては、「望ましい集団活動による生徒の自主的、実践的な活動」という特質を生かし、道徳的実践の指導の充実を図るようにすることが必要であり、特別活動における道徳性の育成を目指して、指導計画を作成することが大切である。

第5節　高等学校の指導計画と配慮事項

1. 全体計画と指導計画作成の要点

　高等学校における特別活動の全体計画と各活動・学校行事の指導計画の作成については、高等学校学習指導要領第5章の第3の1の(1)で、次のように示している。

> (1)特別活動の全体計画や各活動・学校行事の年間指導計画の作成に当たっては、学校の創意工夫を生かすとともに、学校の実態や生徒の発達の段階及び特性等を考慮し、生徒による自主的、実践的な活動が助長されるようにすること。また、各教科・科目や総合的な学習の時間などの指導との関連を図るとともに、家庭や地域の人々との連携、社会教育施設等の活用などを工夫すること。その際、ボランティア活動などの社会奉仕の精神を養う体験的な活動や就業体験などの勤労にかかわる体験的な活動の機会をできるだけ取り入れること。
>
> 　　　　　（＊アンダーラインは中学校の文言に加筆されていることを示す。）

　特別活動の目標は、特別活動の各活動・学校行事の実践的な活動を通して達成されるものであり、その指導計画は、学校の教育目標を達成するうえでも重要な役割を果たしている。したがって、調和のとれた特別活動の全体計画と各活動・学校行事の年間指導計画を全教師の協力の下で作成することが大切である。

　特別活動の全体計画を作成するに当たっては、生徒の実態を十分に把握するとともに、生徒の発達の段階や特性等を生かすようにし、教師の適切な指導の下に、生徒の自主的、実践的な活動が助長できるようにすることが求められる。

　特別活動の全体計画に示す内容については、第4節の中学校指導計画と配慮事項を参考にする。また、部活動の教育的な意義等についても同様である。以下、学校の指導体制・組織、配慮事項、生徒指導の充実と教育相談、ガイダンス機能の充実についても中学校の項を参考にする。

　高等学校における特別活動においては、基本的には中学校と変わらないので省略する。

> 📎 課 題
>
> 1. 特別活動の「全体計画」を作成する意義を述べるとともに、どのような内容を盛り込むか、また、配慮すべき事項は何かをまとめてみましょう。
> 2. 各活動を計画するとき、特に配慮すべきことについて、各活動ごとにまとめてみましょう。
> 3. 学校行事を計画するとき、特に配慮すべきことについてまとめてみましょう。

📖 参考文献

文部科学省「小学校学習指導要領」(2008年)
文部科学省「中学校学習指導要領」(2008年)
文部科学省「小学校学習指導要領解説　特別活動編」(2008年)
『小学校学習指導要領　新旧比較対照表』（日本教材システム、2008年）
『小学校新学習指導要領　ポイントと学習活動の展開　特別活動編』（宮川八岐編、東洋館出版社、2008年）

資料提供
厚木市立森の里小学校、厚木市立毛利台小学校

Chapter 6 第6章
特別活動の実践

　本章では、各活動・学校行事のねらいと特質を押さえるとともに、具体的な実践事例を挙げた。指導（活動）計画の立案や授業の展開はどのようになされていくのか。
　また、今次改訂で、異年齢集団の交流による望ましい人間関係を築くことが期待されていることから、その意義や具体的な活動例を挙げた。特別活動の実践は、各学校でさまざまな取り組みがなされており多様である。
　そのため、本章では、それぞれの特質や意義を十分に理解して、目標を達成するための活動をどのように展開するかについて学習する。

第1節　学級（ホームルーム）活動のねらいと特質

1. 目標

> 　学級（ホームルーム）活動を通して、望ましい人間関係を形成し、集団の一員として学級（ホームルーム）や学校におけるよりよい生活づくりに参画し、諸問題を解決しようとする自主的、実践的な態度や健全な生活態度を育てる。

　学級（ホームルーム）活動の目標は、小・中学校、高等学校とも共通しており、一貫した目標である。

2. 内容

(1) **小学校**

　今次の改訂では、低・中・高学年ごとの発達段階に応じた内容が示された。以下は、その主な内容である。

・第1学年及び第2学年

> 　学級を単位として、仲良く助け合い学級生活を楽しくするとともに、日

> 常の生活や学習に進んで取り組もうとする態度の育成に資する活動を行うこと。

・第3学年及び第4学年

> 学級を単位として、協力し合って楽しい学級生活をつくるとともに、日常の生活や学習に意欲的に取り組もうとする態度の育成に資する活動を行うこと。

・第5学年及び第6学年

> 学級を単位として、信頼し支え合って楽しく豊かな学級や学校の生活をつくるとともに、日常の生活や学習に自主的に取り組もうとする態度の向上に資する活動を行うこと。

また、〔共通事項〕として従来一文で示されていた内容が10項目示された。(56ページ参照)

(2) **中学校**

> 学級を単位として、学級や学校の生活の充実と向上、生徒が直面する諸課題への対応に資する活動を行うこと。

(内容項目については、60～61ページ参照)

(3) **高等学校**

> 学校における生徒の基礎的な生活集団として編成したホームルームを単位として、ホームルームや学校の生活の充実と向上、生徒が直面する諸課題への対応に資する活動を行うこと。

(内容項目については、60～61ページ参照)

3. 基本的な考え方

学級を単位として、学級や学校の生活の充実と向上、児童(生徒)が直面する諸課題への対応に資する活動を行うことである。

今次改訂された小学校・中学校・高等学校の目標と内容を示したが、大きな違いは成長と発達にかかわるものであり、基本的には違いはない。今次では、小学校において学年の発達に応じて内容が示されたことが特徴的であるといえる。また、〔共通事項〕として全学年で指導する内容が示されている。その中に、今次新たに3か所追加された部分があり、そのことについて考えてみたい。

第1は、「(1)ウ」学級活動が学級集団の問題だけでなく、広く学校生活全体にかかわる諸問題を学級として取り組み、異年齢集団の交流等を含めた学校生活上のさまざまな集団の向上を図っていくことを示したと捉える必要がある。

第2は、「(2)エ」学級にはさまざまな役割分担や当番活動がある。与えられた役割を果たすだけでなく、その意義を理解することや、その活動を通して学級や学校に貢献している実感をもてるようにすること。その実感から働く意義や将来に向けてのキャリア教育の展開により、望ましい勤労観や職業観を育てていくことが必要である。

第3は、「(2)キ」特に「食育の観点を踏まえた」の部分が追加された。このことは、従来の指導に加えて心身の健康や自然の恩恵への感謝、また食文化や食糧事情等まで、他教科等の関連を図って幅広い指導をすることが求められていると捉える必要がある。

4. 学級（ホームルーム）活動の特質

(1) 社会的人間形成（生活づくり）

児童生徒の基本的生活習慣の形成ということである。このことは、家庭やその周辺で日常的な生活によって自ずと育成されてくるものである。また、それが学校生活や地域生活との関連によって、集団によるかかわりの中で拡充されるものである。そしてこれらは家庭や地域による差異やそれぞれの意識の違いから、児童生徒の個々の人間形成にさまざまな様相が見られる。

それを個性的と捉える側面もあるが、社会性、集団の一員としては偏ったものであったり、相互に相容れないものであったりすることもある。

こうしたことを、学級や個々の共通の問題として考え、問題の本質を捉えて共通の理解をすることが肝要である。これは、基本的、一般的、普遍的な社会性を育成することから、意図的、計画的に児童生徒の全人

格的形成を図ろうとするものである。

今次改訂では、内容として「ア・イ・ウ」と3視点示されているが、「ウ」では、学級の一員であるとともに、学校の諸集団の一員でもあることから、そこにおける役割や所属意識を高めることも、この学級活動の時間に求められており、さらなる人間形成の場の広がりが指摘されている。

(2) 学習意欲の形成（学習習慣）

近代以後の教育は、各個人の社会的・一般的資質として、その成長・発達に応じて知識や技能の習得と人格的形成を目的として行われてきた。

それらの習得は、児童生徒のより一層の意欲によって効果が上がることが実証され、学習活動の基盤とするようになった。また、学習意欲は、自らの学習への取り組みとともに、児童生徒相互の学習効果を高めることになるのである。

学級における指導、教科の学習では、内容の理解・把握の過程の中で知的好奇心を満たすことにより、必然的に学習意欲が形成され、教科の目標を達成することになる。さらに、それらを意図的・計画的に学級の実態に合わせて指導することにより学習意欲を一層高揚させることにつながる。

今次改訂ではPISA調査の結果、学習意欲・習慣に課題があることが指摘された。家庭・学校を含めて、学習意欲の向上や学習習慣の確立のために時間の確保と多様な活動が求められている。

(3) 人生観の形成（自己の生き方）

社会性や学習意欲の形成は、自他の考え方の異同、各人の価値や意義を理解することにつながる。つまり、そのことはよき友人との交友の必要性や自他の善なるものを認め伸張することであり、過ちを正し矯めて、よりよく生きようと希求することになる。このような認識は、さらに将来への進路や方向性を考え、人生観を醸成することになる。

今次改訂では、この視点で「キャリア教育」が取り入れられ、働くことの意義や勤労観や職業観を育て、「自己の生き方」、「自己を生かす」ことが求められている。

(4) 自己の確立（自他の尊重）

中学校から高等学校への成長期、いわゆる「思春期」には身体の発達に伴うさまざまな悩みや不安が出現する。自他の比較による成長の差、

容姿の在り方、男女の性差による意識の違いや個別な思慕、恋愛感情による自己の存在や不安感が生じる。つまり、必要以上に自意識過剰になったり自信喪失になったりの繰り返しが続く。そのために、自他への意識は、相互の人間関係への過剰な反応や拒否となって現れてくる。

このような感情を自ら理解し、また他に理解してもらうことを通して、他者を理解し、相互の関係の正確な位置判断ができるようになってくる。こうして、自らの人格の形成の意義を自覚し、その向上に努力することから自己を確立し、自他の尊厳一致の認識に立つことができるようになる。思春期の感情の起伏が、その経験を通して自己確立に繋がってくるのである。

5. 学級活動の実践

(1) 年間指導計画の作成

学級活動の指導計画立案に当たっては、特別活動の全体計画を踏まえて、学校や学級の実態、児童の発達段階等を考慮して、指導内容や議題例や題材、授業時数等を示すようにして作成することが肝要である。

今次改訂で、特にこのことが「内容の取り扱いの1―(1)」に「学級」が入ってきた。このことは、学級ごとに年間指導計画を作成する、という意味をもっている。各学校で学年ごとに年間計画を立案するが、それをもとに学級ごとに作成するということである。

「学級活動」は学級担任の「学級経営」と深くかかわってくる内容であり、両輪の関係にあるといえる。それ故、1年間を見通した年間計画の作成が重要となってくるのである。以下に、6年生の学級活動年間指導計画の4・5月を挙げた。(6月以降は省略、6年授業実践と連動している)

〈「学級活動」年間指導計画の一部〉　　　　（参考：厚木市立A小学校）

学期	月	No	行事関連	時数	学級活動5H	他関連12H
	四月	1	着任始業式（儀式的）	1		
		2	離退任式（儀式的）	1		
		3		1	最高学年になって（学級開き）1H	
		5		1	自己紹介をしよう（自分を見つめる）1H	今の自分を知ろう（道徳）1H

一学期		6	身体計測・視力検査（健康安全）	1		
		7	内科・結核検診（健康安全）	05	自分の体を知ろう（内科・結核検診）05	
	五月	8	下校指導（健康安全）	1		
		9	歯科検診（健康安全）	05	自分の体を知ろう（歯科検診）05	
		10	眼科検診（健康安全）	05	自分の体を知ろう（眼科検診）05	
		11	避難訓練（健康安全）	05	上手に避難しよう（健康安全）05	
		12	修学旅行（遠足集団）	6	思い出に残る修学旅行にしよう　1H（修学旅行の計画）	ガイドブックを作ろう（国語ガイドブック9H）
		13				修学旅行に向けて・まとめ（総合15H）

(2) **授業の実践例**

　以下の事例は、学級活動で「キャリア教育」の視点から5時間、関連する他教科等（国語6時間、道徳5時間、総合1時間）から設定した。

〈第6学年　学級活動指導案〉

1　日　　時　平成21年7月8日（水）
2　学　　級　第6学年1組（男20名、女17名）
3　場　　所　6年1組教室
4　題材名　「ドリームマップをつくろう」（キャリア教育）
　　　　内容「(2)」：日常の生活や学習への適応及び健康安全
　　　　項　　目：ア　希望や目標をもって生きる態度の育成
5　活動について

　児童は、最高学年である6年生を迎えた。同じメンバーで迎える6年目の年であり、担任も5年生からの持ち上がりであるため、クラス替えは行ったものの、ある程度友達や担任のことを理解している。最高学年としての新しいクラスで児童はどんな気持ちを抱きながら生活しているのだろうか。

5月に実施した学級集団尺度調査（Q―Uテスト）によると、新しいクラスに満足している児童は43％（16人）、不満と感じている児童は16％（6人）であった。これは、この時期の児童の発達段階から考えれば、比較的良好な人間関係であり、数値からも最高学年としての1年間を有意義に過ごしたいという意欲が伺える。先日の「修学旅行発表会」でも分担した役割をしっかりと果たし、和やかな雰囲気の中で、きちんとした発表会をすることができた。

　また、学習や運動、児童会の活動やクラスでの係り活動などに対しても進んで取り組む児童が多い。定期的に1年生との交流を行っているが、その際も進んで1年生に働きかけようという姿が見られる。
　一方で、毎日の生活の中であまり意欲が感じられない様子が見られる児童も数名いる。自分に自信をもてない児童に自信をもって活動する気持ちをもたせることが大きな課題である。同時に、全体的に幼い面が見られ、与えられた活動には力を注ぐが、まだ「自分の考えで行動する」という力が弱いことも課題として挙げられる。
　今回実施する「ドリームマップづくり」は、自分の好きなことを糸口にして、「夢」を見付け、夢を描き、その夢に向かって行動を促すプログラムである。自分を知り、自分のよさを見付けていくことで自分を大切にし（＝自己肯定感）、日々の活動に自信をもって、自分らしくかかわっていくことの大切さを感じさせたい。
　思春期前半にさしかかっている児童は、おそらく最初は「自分」をさらけ出すことに抵抗感を感じるであろう。自分の夢が何なのか、分からないという児童もいるはずである。
　そんな児童に年度当初に書いた自分紹介を見せたり、道徳で取り上げた「今の自分」についての記述を振り返らせたりしながら、心を開き時間をかけて、自分の夢を見付けさせたい。
　本活動は、上述のように道徳、学活や総合的な学習の時間と連携を図り、定期的に自分自身を振り返る時間をとりながら進めていく。
　これまで、それほど意識することのなかった「夢」（＝将来）を題材にすることで、児童一人一人が自分自身を見つめる時間となってくれることを期待している。
　そして、児童が自分に自信をもち、生き生きと周りの人たちとかかわることで、学年テーマである「互いに信頼し、高め合おう」に迫ろうとしたものである。

6 指導計画

	1学期	教科等	〈活動内容〉	〈活動のねらい〉
一次	1H	学活	自己を紹介しよう	・自分を知り、学級の仲間に紹介する
	2H	道徳	今の自分を知ろう	・5年の自分と今の自分を比較し、自分の長所や直したいところを知る
	3H	道徳	自分にとって大切なもの	・自分にとって大切なものを考えることで、自分を深く見つめる ・話し合いに積極的に参加する
	4H	学活	自分の「好き」を見付けよう	・自分の好きなことできることを見付け、自分に対する「プラスイメージ」をつくる
	5H（本時）	学活	自分の「夢」を見付けよう	・仕事の種類をたくさん見付け「やりたい仕事・なりたい自分」を考える ・夏休み後の自分をイメージし、目標に向かって努力しようとする
二次 2学期	6H	道徳	9月の自分に手紙を書こう	
	7H	国語	夏休みを振り返ろう	・夏休みに経験したことの中から、楽しかったことや自分が変わったことを書く
三次	8H	道徳	友達のよいところを見付けよう（家庭で）我が子のよいところ	・相互によいところを認め合う経験を通して、自己肯定感をもつ
	9H	道徳	自分のよさを生かそう	・自分で見付け友達から認められた長所をこれからの生活に役立てようとする
四次	10H〜12H	国語	小学校生活を振り返ろう	・小学校生活の中で、楽しかったこと、がんばったこと、自分の力が生かされたことを作文に表す
五次 3学期	13H	学活	自分の「夢」を広げよう	・ドリームマップの下描き（1学期）や自分シート（2学期）を友達と交換し、インタビューしながら「やりたい仕事」「なりたい自分」を整理する
	14H	学活	ドリームマップをつくろう	・今までの自分カードを見ながら、ドリームマップを完成させる
	15H	道徳	自分の足跡	・1年間と小学校6年間の心身の成長を振り返り、進学後の希望をもつ
	16H	国語	自分の「夢」を伝えようⅠ	・学級の仲間に、完成した「ドリームマップ」を見せながら、自分の夢を紹介する
	17H	総合	自分の「夢」を伝えようⅡ	・保護者を迎え、完成した「ドリームマップ」を見せながら、自分の夢を紹介する
	18H	国語	15年後の自分に手紙を書こう	・自分のドリームマップを振り返り、友達のマップを見て「夢」を知り、将来の自分に手紙を書く

7 本時のねらい

・友達と意見を出し合う中で、仕事にはたくさんの種類があることを知り、自分のやってみたい仕事を考える。

・グループの活動を通して、自分にはない考えや知らない世界があることに気付き、意欲的に取り組む。

特別活動の実践

8　本時の展開

場面	児童の活動	備考
導入	1. 本時の活動を知り、めあてをもつ 　仕事の種類を知り、自分のドリームマップの下描きをしよう	・マップつくりの約束を思い出させる
活動	2. グループで知っている仕事を出し合い、自分のプリントに書き出す 3. グループで集めた仕事を黒板に書き出し、どんな仕事なのか確かめる 4. やりたい仕事を見付け、夢がかなった自分を想像しながらマップをつくる ・「やりたい仕事」を書く ・仕事をしている自分の姿を想像する ・仕事をしている自分の性格や生活を想像する ・自分と周囲とのつながりを考える ・将来の自分の周り、社会の様子を想像する	【ワークシート】 ・班長が司会を行う ・できるだけたくさんの仕事を出し合う ・自由に話し合わせる ・机を元に戻し集中させる ・知られていない仕事が出たら発表や解説をする 【ワークシート】 ・実現可能かということには拘らない
まとめ	5. 活動を振り返る 6. 2学期以降の活動に向けて、意欲付けを行う	・何人かのマップを発表させる ・まだ、活動の途中であることを確認する ・今の「夢」をマップにすることを予告する

9　評価

評価の観点	評価の方法
1. 仕事にはたくさんの種類があることを知り、自分のやってみたい仕事を考えることができたか	机間指導による観察 ワークシート
2. グループでの活動を通して、自分にはない考えや知らない世界があることに気づき、意欲的に取り組むことができたか	机間指導による観察 事後の観察

10　授業の考察

○他教科等との関連を十分に図って計画したことによって時間の確保ができ余裕をもって取り組むことができた。

○国語との関連で「書く」、「話す」活動を多く取り入れることができ、児童もスムーズに取り組めていた。

○1年間にわたる計画で、児童も自分の将来にしっかりと向き合うことができていた。一人一人自分の将来を考え、楽しそうに取り組むことができた。
○このような活動が苦手な児童も真剣に取り組んでいた。
○グループでの話し合い活動で各自の活動がスムーズになった。
○学習ごとに最後に振り返りをすることで、児童相互の考えの認め合いができた。
○6年生でキャリア教育に取り組むことは、児童の意欲から見てとても大切であることを感じた。
○自分のことや将来のことを考える活動は、児童にとって若干「照れくさい」ところもあった。だが、この時期に自分を見つめることは大切であると感じた。児童も日ごろから考えている様子を伺い知ることができた。
○卒業直前の「ドリームマップ」の発表会では、お互いの考えを知り、理解を深めるとともに絆が深まってきた。
○ワークシートを適切に工夫することが必要であった。
○家庭での保護者の協力と連携が重要な要素となってくる。
○キャリア教育は現代的な課題であり、年間を通して指導することや発達段階に応じた計画的な指導により、一層の効果が期待できる。

〈第1学年　学級活動指導案〉

1　日　時　平成21年11月18日（水）
2　学　級　第1学年2組（男12名、女9名）
3　場　所　第1学年2組教室
4　活動名　「6ねんせいとなかよし」
　　　　　　内容「(1)」：学級や学校の生活づくり
　　　　　　項目：ア　学級や学校における生活上の諸問題の解決
5　活動について

　本学級の子どもたちは、新しいことにチャレンジし、何事にも意欲的に前向きに頑張ろうとする子どもが多い。11月に実施した、学級集団尺度調査（Q―Uテスト）の、居心地のよいクラスにするためのアンケートでは、学級生活満足群が90％（19人）、非承認群が10％（2人）で、ほとんどの子どもが学校生活に満足している状況にあった。

　入学当初は友達の輪の中に入れず、自分の名前を言うことができなかった子もいた。しかし、学校生活とともに、友達の話に耳を傾け、聞

くようになり、人前で話せるようになってきて交友関係がはぐくまれ、クラスとしての受容的雰囲気ができてきた。

　だが、日ごろの授業での様子からは、間違えることを恐れたり、話すことを苦手と感じて消極的になったり、伝え方が明確にならないことがある。

　また、興味が他に向かい、友達の話を最後まで聞けないことなども見受けられる。1年生にとっては、話を聞いて考えたり、考えに対して違う意見を述べたりすることはまだ難しいと思われる。

　そこで、道徳や学級活動、各教科での話し合い活動を重点に、ペア活動やグループ活動を生かし、友達の話を丁寧に最後まで「聞く」ことを意識させる指導をしてきた。

　そして、話し合い後には振り返りシートを使い、自分の「話す・聞く」態度を振り返えさせ、見つめ直すことで、よりよい話し方や聞き方ができるように意識させてきた。この継続により「はなすのがすきになってきました」とか「はなすときはドキドキしたけど、みんながきいてくれたから、がんばってはなすことができて、うれしかった」等、徐々に児童の変容が見られてきた。また、児童一人一人が次へのめあてを明確にもつことができるようになってきた。

　本活動は、生活科の単元「あきとなかよし」を生かした活動である。
　公園や学校や身の回りで集めた、秋の葉や木の実などを利用して作って遊ぶ活動を展開してきた。その中で、さまざまな作品や遊びの工夫から面白さを感じた。そこで、入学してから今までお世話になった6年生に、感謝の気持ち伝えながら、楽しんでもらう会を計画していく。

　これまで1年生は、ペアを組んだ6年生に、ランドセルのしまい方、校歌や掃除の仕方、スポーツテストの手伝い、6年生のお楽しみ会への招待、公園での遊び、運動会衣装の製作、集会活動等、さまざまな場面でお世話になり楽しんできた。

　今まで助けてもらうことの多かった1年生が、何かしようとすることは、ともに仲よく、学校生活を楽しくしていこうとする心を育て、他の人たちのために役立ちたいという心に発展していくものと思われる。

　本授業では、生活科での活動をどのように生かすか、6年生に自分の思いをどのように伝えるかに視点を当て、話し合いを進めていきたい。

　そして、1年生なりの「ありがとう」の気持ちの表現方法を見付けるようにさせたい。また、本活動を通して、話し合いでは自分の考えと違う考えがあること知り、聞き合いながらみんなで決めて取り組むこと、

第6章

よりよいものを創り上げること、みんなで取り組む楽しさやよさを感じ取らせたい。なお、3月にもう一度この活動を生かして、「6年生を送る会」で、6年生に感謝の想いを伝えることができるようにしていきたい。

6　年間計画

〈1年「学級活動」年間指導計画の一部〉　　　（参考：厚木市立Ａ小学校）

学期	月	No	行事関連	学　級　活　動	他関連
二学期	九月	1	2学期始業式	たのしい2がっきにしよう1H	道徳1H 国語5H
		2		進んでできる係りをつくろう1H	
		3		6年生とピクニック　1H	
		4	運動会5H		
		5	下校指導1H	気をつけて下校しよう0.5H	
		6	体測週間1H	自分の体を知ろう0.5H	
	十月	7	目の愛護週間1H	目を大切にしよう1H	道徳たからものはなに
		8	性教育週間1H	おとうさんおかあさん1H	
		9		みんなであそぼう1H	道徳 おしゃべりしましょう
		10	遠足5H	楽しい秋の遠足1H	生活　秋となかよし
		11	図書館の秘密1H	図書館の秘密を知ろう1H	国語 読書
		12	避難訓練0.5H	上手にひなんしよう0.5H	
	十一月	13		係りをみなおそう1H	道徳わたしのしごと1H
		14		6ねんせいとなかよし1H	生活秋となかよし6H 図工 どうぶついっぱい6H
	十二月	15		6ねんせいとあそぼう1H	
		16		楽しい冬休み　1H	生活 かぞくでたのしいおしょうがつ

7 指導計画

次	教科	活動内容	活動のねらい
一次 (11時間)	生 活 あきと なかよし	・秋の葉や木の実を利用して、遊ぶ道具や飾り物などを作って楽しんだりする ・1組さんを招待して、お店屋さんごっこをする	・秋の葉や木の実を利用して遊ぶ道具や飾り物などを作って楽しみ、秋を感じ取る ・秋を利用して作ったものでお店屋さんを開き、交換するなどして仲よく楽しむ
二次 (2時間) 〈本時〉 2時間目	学 活 六年生と なかよし	・6年生に伝えたいことや6年生との会の名前、そのために話し合わなければいけない柱を決める ・6年生との思い出を振り返り、クラスで話し合いながら、6年生と交流する計画を立てる	・お世話になった6年生を思い出しながら、自分達の感謝の気持ちを伝えるために、クラスの出し物を考えようとする
三次 (3時間)	生 活 図 工 六年生 よろこぶよ	・秋の葉や木の実を利用して、遊び道具や飾り物を作る ・友達と協力しながら、出し物の準備を進める (飾り付け・プログラム)	・感謝の気持ちをこめて、秋の葉や木の実を利用して、遊び道具や飾り付けを作ろうとする ・出し物を工夫する ・仲よく協力して準備する ・クラスの一員として仲間とかかわろうとする
四次 (1時間)	学 活 六年生 ありがとう	・「ありがとう」の会を開き、6年生や友達と楽しむ ・準備・後片付けをする	・友達や6年生と楽しく交流しようとする ・進んで交流する ・感謝の言葉をはっきり言うようにする

8 本時のねらい

・「6年生ありがとう」の会をするために、どんなことをしたいのか考えを出し合うことができる。

・友達の話を聞きながら、楽しいことができることに気付く。

9　本時の展開

場面	児童の活動	教師の支援
導入	1. 6年生にしてもらったことを思い出す	・事前に書いた資料から、6年生にしてもらったことを想起させる
展開	2. 話し合いの内容とめあてを確かめる 　（話し合うこと）6ねんせいにつたえよう 　　「○……○」について 　　（前時に児童が考えた会の名前を表記する） 　（めあて）・ともだちのはなしをよくきく 　　　　　・じぶんのかんがえをつたえよう 3. 「会」について自分の考えを出し、交流について話し合う ・ペアで…… ・全体で…… ①どんなお店を作るか？ 　（前時の案の表示） ・どんぐりごま　・まとあて ・まつぼっくりごま ・しおり　・クリスマスツリー ・フリスビー ②「会」の伝え方は？ 　（前時の案の表示） ・言葉で伝える・手紙を書く	・話し合いのめあてを伝え、意識した話し合いができるように、みんなで声に出して読ませる ・一人一人の児童の想いが生きるよう、想像が膨らむように、作品を用意しておく ・6年生が楽しんでくれるか、6年生のための活動であることを意識させるようにする
まとめ	4. 決まったことを確かめる ・話し合いで決まったことを全員で確かめる 6. 今日の自分を振り返る ・自分のお店屋さんを書く ・聞く・話す態度を振り返る	・決定したことを明確にする 　（板書を黄色で囲む） ・今日の話し合いでよかったことをみんなに伝え合う

10　評　価

評価の視点	評価方法
「ありがとう」の会をするために、どんなことをしたいのか、考えを出し合うことができたか ・友達の話を聞き合いながら、楽しいことができることに気付いたか	ワークシート 観察 観察

第2節　児童会・生徒会活動のねらいと特質

1．児童会・生徒会の目標

> 児童（中・高＝生徒）会活動を通して、望ましい人間関係を形成し、集団（や社会＝中高）の一員としてよりよい学校生活づくりに参画し、協力して諸問題を解決しようとする自主的、実践的な態度を育てる。

基本的には、小・中・高一貫した目標であり、中・高等学校には発達段階を踏まえて「……や社会」が追加されている。

2．児童会・生徒会の内容

小学校では3項目、中・高等学校では小学校の3内容に、「連絡調整」や「社会参加（参画）」が加えられて5項目示されている。以下は、それぞれについての内容である。

(1) 小学校

> (1) 児童会の計画や運営　　(2) 異年齢集団による交流
> (3) 学校行事への協力

(2) 中学校・高等学校

> (1) 生徒会の計画や運営　　(2) 異年齢集団による交流
> (3) 生徒の諸活動についての連絡調整　　(4) 学校行事への協力
> (5) ボランティア活動などの社会参加（高：参画）

3．基本的な考え方

学校の全児童（生徒）をもって組織する児童（生徒）会において、学校生活の充実と向上を図る活動を行うことである。

今次改訂で3つの具体的な活動が示されたそのことについて考えてみたい。第1は、「児童会の計画や運営」である。代表委員会で話し合われたことを実践することや、小学校では5・6年生を中心とする委員会

活動等の役割分担で学校内の仕事を処理していく活動である。この活動は、児童（生徒）会活動の中心をなすもので、児童（生徒）の自発的・自治的な活動が展開されるようにすることが大切である。

第2は、「異年齢集団の交流」である。全校集会活動をはじめ、多様な集会活動が展開される。異年齢集団による交流活動をより一層充実していくことである。そのことにより、児童会活動の目標にある「望ましい人間関係の形成……」という、人と人とのかかわりや社会性がはぐくまれていくようにすることが大切である。

第3は、「学校行事への協力」である。学校行事は教師により意図的・計画的に行われる教育活動である。しかし、児童が主体的に参加するようにするためには、教師の指導だけでなく、児童会に運営の一部を任せ、児童の創意工夫が生かされた活動になるようにすることが大切である。

4. 児童会・生徒会活動の特質

(1) 学校の全児童（生徒）をもって組織する

児童（生徒）会活動は、異年齢集団の児童（生徒）の自発的、自治的な実践活動を特質とする教育活動である。

「自発的」とは、児童（生徒）の問題に対する自らの興味・関心をもとに、自らの意欲によって解決しようとする活力による意思の表現である。特別活動に限らず、教育の目的の一つは、この意欲的な意思や活力を育成することであり、児童（生徒）会活動の大きな目的でもある。その意味からも「自発性」は尊重されなければならない。

「自治的な実践活動」とは、その組織が自らの意志によって実際の活動をすることである。その際、教師の適切な指導を受けることによって、一層高まるとともに、決定や実践活動への自らや集団としての責任が取れることである。

学校の教育活動において、全校児童（生徒）をもって活動することは頻繁に行われることではないが、2つの観点から行われる。

第1は、学校行事として全児童（生徒）が集合する。これは、教師が主導的に運営し学校としての目標や内容を踏まえたうえで指導を行うものである。第2は、学級の児童（生徒）が活動するか、同学年または異学年の学級が集会活動などで活動することがある。この場合、教育課程に位置付けられた指導となる。また、児童会活動の集会委員会の計画による活動であったりする。ここでいう、「全児童」とは、児童会活動の

特質から見て、主として第2の活動を示している。

つまり、活動する際の主体は全校児童（生徒）にあるということである。もちろん、教師による指導の下にあるということは当然のことであるが、大切なことは、児童（生徒）会の組織全体で意欲的に活動を展開すること、そのことに重要な意味があるといえる。

児童（生徒）会組織としては、一般的に以下のようなものが考えられる。

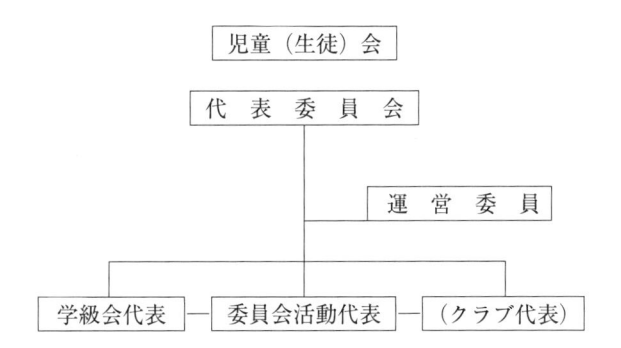

```
        児童（生徒）会
        代 表 委 員 会
               │
              運 営 委 員
               │
学級会代表 ― 委員会活動代表 ―（クラブ代表）
```

代表委員会は、学級代表・各委員会代表・クラブ代表（小）・運営委員によって構成される。そこで話し合いがされて、それぞれが活動することになる。また、必要に応じて全校児童（生徒）が集まって協議することもあるが、それが児童（生徒）会である。

例えば、6月頃の全校児童会で、秋の運動会の「たてわり色別対抗」のため、3～4色を決定して意識を高めていくことなどもある。

(2) 学校生活の充実と向上を図る活動

従前の内容では、児童会活動と学級活動に、この「（学級や）学校生活の充実と向上……」が見られたが、今次改訂では児童会活動の内容と学級活動の内容「(1)ウ　学校における多様な集団の生活の向上」と、示されている。

児童会活動は、自発的・自治的な活動を中心とするものである。そのため、学校生活を豊かに充実させるには、児童の発意や発想を生かし、創意工夫された代表委員会や委員会活動、児童集会活動が円滑に行われるようにすること。また、学級会やクラブ活動との連携や協力を図っていくことも充実と向上には大切である。それとともに、学校行事にも児童会活動として協力することによって、積極的な参加が促されて、活動の幅が広がり、児童会活動の充実につながってくるのである。

5. 児童会活動の実践

(1) 年間計画の作成

目　標	児童会活動を通して、望ましい人間関係を形成し、集団の一員としてよりよい学校生活づくりに参画し、協力して諸問題を解決しようとする自主的、実践的な態度を育てる		
重点目標	学級や学年を超えた、楽しい仲間集団をつくろう		
活動のおおよそ 以下略	活動形態ごとに、以下の内容を充実する (1) 児童会の計画や運営　(2) 異年齢集団による交流 (3) 学校行事への協力		
^	代表委員会	委員会活動	児童会集会活動
^	（予想活動） 1学期 ・組織づくり ・活動計画作成 ・議題収集の方法と取り扱い方 ・学校生活上の問題の話し合い ・夏の集会計画と運営・反省	（予想活動） ・委員会の組織づくり ・前年度の反省をもとに今年度の目的・活動内容決定 ・活動計画作成 ・役割分担と活動開始 ・集会での紹介準備	（予想活動） ・学期1回の大集会と短時間集会の計画 〈大集会〉 4月・「1年生を迎える会」 7月・「夏の集会」 〈短時間集会〉 4月・集会委員会 5月・環境委員会 6月・保健委員会 7月・掲示委員会
対象学年	・4年以上各級2名、各委員会1名、（クラブ1名）	5・6年生	全学年児童
活動日時	・毎月第2火曜日の6校時、必要時	常時活動 定例：第1木曜日の6校時	学期1〜2回 短時間は月1回
評価の観点	・学校の一員として自覚をもち、友達と協力して学校生活の充実に取り組んでいる。 ・生活上の諸問題解決に集団の中で自己の役割を考えている。 ・集団活動に必要な技能を生かし、適切に話す・聞く表現ができる ・集団活動の進め方や自己の役割を理解している。		

・年間計画作成に当たって、代表委員会を「第2火の6校時」としているが、地域実態に応じて、昼休み等に設定することも考えられる。
・代表委員会・委員会は定期的に開催されるが、必要に応じて適宜開催することの意義についても記し、伝えるようにしておきたい。
・代表委員会の準備品や運営・管理等について計画に記入することにより、運営委員の工夫や自主的な活動が期待できる。

(2) 実践事例

〈掲示委員会の年間計画〉

ねらい	明るく意欲的な学校生活ができるような掲示活動を工夫する
主な活動	・各種新聞の所定箇所掲示　・廊下の掲示物の管理 ・階段掲示場所への季節掲示物作成　・掲示環境の呼びかけ等

月	予想活動内容	留意事項
4	掲示委員会の活動組織づくり 活動計画の作成 ・ねらい　・主な活動内容 ・役割分担　・掲示活動	・前年度の活動成果や改善点を生かし活動計画を作成する ・学校全体に呼びかけ掲示環境の意義を伝えるようにする
5	7月集会（掲示）相談 ・掲示委員会の紹介について掲示活動 6月階段掲示物の作成	・自分達の活動を端的に伝えるようにさせる ・時期にあった内容を考えさせる ・一人一人の発想を生かす
	以下略	

〈掲示委員会の活動計画〉

掲示委員会活動計画　　5月○日　第6校時　司会○○　記録○○	
活動内容	7月集会活動での紹介と6月掲示物の内容を考える
めあて	・7月集会の計画を立て、掲示環境の意義について伝えられるようにする ・6月の時期に合った階段掲示物の案を考える

本時の活動内容	特に気をつけること
1．今月の活動計画の確認 2．7月集会のねらい・内容を話し合う（発表内容について・役割分担・次回までにすること） 3．6月掲示物を相談する （梅雨の時期・室内が多い・見て心が明るくなるようなものを）	・常時活動の担当を確認する ・掲示委員会で最も伝えたいこと、協力してほしいことを明確にする ・分担に応じて次回の準備を確認する ・保健委員会とのタイアップを考えて計画相談させる

　作成された「代表委員会の年間計画」・「集会活動の計画」・「各委員会活動の計画」等は児童会室や廊下に掲示して、全校児童が常に目にできるようにしておく。そのことにより、児童がより意欲や期待をもって取り組もうとするようになる。こうして、さらなる自発性や自主的実践力が高められていくようになるのである。

第3節　異年齢集団の意義と実践

1. 意義

　我が国においては、1970（昭和40）年代ごろまでは地域で子どもたちが群れ（異年齢集団）をつくって屋外で飛び回る姿が全国各地で見られた。学校生活に加えてこの「異年齢集団活動」を通して子どもたちは、人との接し方や規範意識、相互尊重の精神などいわゆる「社会性」を身に付けてきた。

　しかし、その後急激な社会の変化により、地域社会から異年齢児童生徒による集団活動は減少し、現在ではその姿をほとんど見ることができなくなった。このように急速に進む社会環境や家族構成の変化の中で子どもたちは、他者を思いやる気持ちや認める心、人とかかわる力（人間関係形成力）などが十分に醸成されず、その結果として不適応状態に陥ることになったといえよう。

　このようなマイナス面・課題を改善するために、個々の子どもの能力の相違や経験の多少を有効に活用できる活動、つまり、「異年齢集団活動」を学校教育の場で実施することが求められるようになってきたのである。

　「異年齢集団活動」を通して、児童は上・下学年の人と接することとなる。そのことにより、同学年と違う接し方や思いやりの心や慕う心が生まれる。また、さまざまな活動を通してルールを守ることや相互に尊重する気持ちが生まれて、同学年では得られないさまざまな社会性を身に付けることができるのである。

　「都市部の小学校における異年齢集団活動に関する実証的研究」（2008～2010年「日本特別活動学会」）によると、異年齢集団活動ではぐくまれる資質・能力は以下のようなものがあると述べている。

　　1）　個人的資質として
　　　①「提案力」：問題に気付き、提案する力
　　　②「発想力」：課題に対して自己の考えを出す力
　　　③「遊楽力」：自分なりに楽しむ力
　　2）　社会的資質として
　　　①「受容力」：友達のよさに気付き、認める力
　　　②「役割遂行力」：自己の役割をやりぬく力
　　　③「組織運営力」：組織的に運営する力

　この中で、「異年齢集団活動」で育てたい力を"社会的資質"に置く

学校が多かったと述べているが、上記のような地域社会の変化を学校教育の中で補完していこうとする努力が見られるのである。

2. 異年齢集団の種類

　異年齢集団にはさまざまなものがあり、学校により多様な名称で呼ばれ、異年齢集団活動が展開されている。ここでは、異年齢集団の構成に着目し、そのいくつかを示し、学校教育の中で主にどのような場面で活用されているのかを紹介する。

(1) **全校集団**……学校の児童（生徒）全員が一堂に会する集団で、児童集会活動や全校児童会と多くは学校行事で活用される集団である。例えば、始・終業式などの儀式的行事、学習発表会や鑑賞教室などの文化的行事、避難訓練や運動会などの健康安全・体育的行事、等で活用される集団である。

(2) **全校たてわり集団**……全校児童を同学年ではない組に編成し、1年生から6年生までの全学年の一定数が入るようにした集団で、児童集会活動や学校行事の遠足・集団宿泊的行事の遠足や、勤労生産・奉仕的行事の清掃活動等で活用される集団である。（事例で詳細後述）

(3) **低学年・高学年集団**……1～3年生の全低学年児童と4～6年生の全高学年児童に分けた集団で、児童集会活動等で学年幅を縮めることによって、より適切な内容での集会活動が期待できるものである。

(4) **登・下校集団**……近所に居住し、朝、学校までともに集団登校班として登校する1～6年生による集団で、朝の集団登校や緊急避難時の下校等で活用される集団である。

(5) **兄弟・姉妹（ペア学年・学級）集団**……特定の学年同士、例えば1年と6年、2年と4年、3年と5年や1の1と6の1のような2つの学年で編成された集団で、学級活動や日常の交流等で活用される。例えば、1・2年生の生活科でペア学年を組んだ2年生が1年生を案内して学校探検をすることなども、この活用の一つであろう。

3. 異年齢集団活動の実践例

　今次改訂で、学級活動の内容(1)学級や学校の生活づくりの中に「ウ　学校における多様な集団の生活の向上」や(2)日常の生活や学習への適応及び健康安全の中に「エ　清掃などの当番活動等の役割と働くことの意

義の理解」、また児童会活動の内容に(2)「異年齢集団による交流」（クラブ活動では目標に、学校行事では配慮事項に）が新たに加えられた。

そこで、ここではそれらを踏まえての「異年齢交流」（ここでは「たてわり」と呼ぶ、前記(2)の事例である）についての実践を紹介する。

特別活動の目標に「望ましい集団活動を通して……」とあるように、児童はさまざまな集団に所属し、その一員として学校生活を送り、生活の向上を目指して発達段階に応じて役割を果たしつつ、望ましい人間関係を築いていくのである。

その際、可能な限り異年齢集団活動ができるようにするために、学校全体で異年齢集団を構成してさまざまな活動を実践した中からいくつかを挙げた。

(1) 「全校異年齢集団」の構成

異年齢集団には、多様な学年の組み合わせが意図的に形成されたものと、偶然に形成されるものがある。ここでは、全校児童を意図的に分け、1つの班の中に1～6年生すべての学年が構成員になるように設定した。

当該校は全学年が3学級編成のため「たてわり」も大きく3グループとし、1組グループを「赤組」、2組グループを「白組」、3組グループを「緑組」としそれぞれの組を6班編成にした。なお、班名はそれぞれの色を連想するネーミングにした。

「赤」グループ230人、「白」グループ231人、「緑」グループ232人、と各グループがほぼ均等になるようにした。また、各色各班ともそれぞれを6班編成にした（例：「赤」の「りんご」を1～6班に）。

活動の基本は、学級・学年単位（基本的には教科等の学習）以外の学校生活を上記のように編成した、グループの異年齢集団（ここでは「たてわり」と呼ぶ）で活動することとした。以下4事例については、すべてこの「たてわり」を活動単位としている。具体的な活動内容を紹介する。

(2) 「清掃活動」での実践

学級活動の内容(2)―エ「清掃などの当番活動等の役割と働くことの意義の理解」が今次で新たに追加されたが、この活動を異年齢集団で実施することの意義について考えてみる。

特別活動に目標にある「……人間関係を築こう……」とするには築こうとする人と人が可能な限り一緒になり、活動し、実践的に取り組むことが大切である。清掃活動はどの学校でもほぼ毎日行われている活動で

班名 年組	赤 りんご	赤 いちご	赤 さくらんぼ	赤 もも	赤 トマト	赤 にんじん	白 白くま	白 白鳥	白 白うさぎ	白 にわとり	白 しらさぎ	白 白ながす	緑 うみ	緑 そら	緑 おか	緑 かわ	緑 やま	緑 もり
1	7	6	7	4	7	7												
2							8	6	6	6	7	6						
3													8	5	6	6	8	6
1	5	7	5	6	5	5												
2							6	6	5	5	5	5						
3													5	6	6	5	5	5
1	6	6	6	6	6	6												
2							6	6	6	6	6	6						
3													5	6	7	6	6	6
1	6	6	6	8	7	5												
2							7	6	6	7	6	7						
3													6	7	7	7	6	7
1	8	8	7	7	7	7												
2							7	7	8	7	8	7						
3													7	8	7	7	7	8
1	6	7	8	7	6	7												
2							6	7	7	8	6	7						
3													7	7	7	7	7	6
合計	38人	40人	39人	38人	38人	37人	40人	38人	38人	39人	38人	38人	38人	39人	40人	38人	39人	38人

（上記表は、最上が1年で二重線ごと学年を区切っている）

ある。そこで、毎日できる清掃活動に「たてわり」を導入して実践した。清掃時間帯は、常に全校児童が参加できるようにするため、低学年児童が在校する給食後の時間帯とした。清掃場所は42か所と細分化して2か月ごとのローテーションとした。

　清掃場所が変わる都度「清掃班会議」を開催し、学年に応じた児童一人一人の仕事分担を話し合いで決める。班の集合場所や清掃箇所に応じた反省項目を話し合って決めた。

　指導する教師側は、たてわり固定の分担場所を指導とともに、毎週水

曜日をオープンデーとして学級児童の様子を知るようにした。また、各学期に1度一人一人の児童に担当から、児童相互に、よかったことという内容で手紙を渡し、励ましや認め合いの機会とした。

以下に具体的に一部赤組の班の清掃分担（9・10月）とローテーションを示した。

組	4～6班	1班	2班	3班
りんご	1の1	本館2Fトイレ	2F東手洗い	中庭D
いちご	2の1	中庭C	中庭C	本館東階段
さくらんぼ	3の1	新館1F手洗い	新館昇降口	新館昇降口
もも	4の1	図書室1・2	校庭東	音楽室1・2
トマト	5の1	校庭西側	校庭西側	本館3F廊下
にんじん	6の1	本館3Fトイレ	本館玄関下	校庭東

〈実施月〉　　〈教室分担〉　〈その他の分担〉
9・10月　……　4・5・6班　……　1・2・3班
11・12月　……　1・2・3班　……　4・5・6班
3学期　　……　4・5・6班　……　1・2・3班

ねらいは異年齢集団の班による日常の清掃活動を通して、ふれあい・認め合う人間関係を深める。また、進んで取り組み・協力し責任をもってきれいにしようとする態度を育てる。

実施する時間帯は毎日13時35分に予鈴を鳴らし、40分から55分までの15分間とし、14時には自教室へ戻るようにした。

上記した、児童相互の手紙やこの活動全体について考えてみたい。

例―1　たてわり｛かわ｝グループ　6年3組○○さんへ
・やさしくおしえてくれた（1年）・いろんなことをおしえてくれた（2年）・下の学年でもやさしくおしえてくれた（3年）・おこると怖かったけど、でもよくやっていました（4年）・下の学年にも優しくていいと思いました（5年）・リーダーとして皆をよく見てくれました（担当教師）

例―2　たてわり｛しろくま｝グループ　1年2組○○さんへ
・○○さんはそうじにおくれないでそうじもよくできた（2年）
・1年生なのにそうじよくやっていた（3年）・はんの中でもいちばんちゃんとできていて、すごくえらいはなまるあげる（4年）・いつもそうじやってえらい（5年）・いつもそうじやっていておりこうだよ（6年）・○○さ

ん、いつもいちばん最初にはじめ、さいごまでいっしょうけんめいできました。ごくろうさま（担当教師）

　まず2つの手紙からであるが、いずれもそれぞれのよかった点を的確に捉えて相手に伝えられていることである。認め合うことで、より一層活動に対して意欲が湧くとともに、人間関係が深くなり認め合う心が育ちつつあることを示しているといえる。こうして、望ましい人間関係が確立してくるのである。

　「清掃班会議」をもつことによって、新しい清掃場所になっても役割や方法について高学年からさまざまなことが伝えられて、日々の活動がスムーズに進行していた。各人の役割分担・責任をしっかり果たすことができ、相互に認め合うことができた。また、班での話し合い活動で「反省カード」に独自項目を入れることにより、個の評価だけでなく班の評価までするという意識の向上が見られた。このことは、自主的・実践的な態度が育成されつつあることを示しているといえる。

(3) 給食とゲームでの実践

　本活動は、「たてわり班」ごとに各教室で展開したもので、給食とともにその後の時間をゲームや遊び等で過ごすようにしたものである。あらかじめ、高学年を中心に給食時の話題やその後の過ごし方を班内のグループで相談しておく。当日は、自分の給食を自教室から指定教室へ運んでいき、終了後は指定教室で後片づけをする。

　学校給食は、食事という人間にとってきわめて基本的な活動であり、学校における諸活動の中で、教師と児童、児童相互が最も自然にとけ合うことのできる場の一つである。そこでは、安心感や親近感が培われ、相互の信頼感を育てていくなど、望ましい人間関係を育成するのには最適な場と考えられる。

　日常の学級における給食では、食事についての正しい理解や望ましい食習慣を身に付けること。また、健康を考え、食事をする態度等、食育の観点を踏まえた指導が行われる。

　一方、異年齢交流を通しての給食では、望ましい食習慣の育成・ルール・マナーや協力・奉仕の態度が身に付くなど、健全な社会人としての資質と能力を高めていく実践的活動が行われる。

第6章

(4)「たてわり野外給食」の実践

　ねらいは異年齢集団のたてわりグループで、いつもと違ったところで給食を食べ、互いの人間関係を深める。

　日程等については、事前の10月6日にリーダーによる場所の話し合いと、11日、給食の方法と食事中の話題の工夫について指導し、終了後の19日に感想のまとめをするという流れで実施した。

　当時、10月18日（水）12時20分から開始する。日程は、12：20〜12：35 教室で準備・校庭集合〜12：40 移動する12：40〜13：35 班ごとに食事・交流〜13：35 学校へ戻る

　献立については、当日野外に行くこともあり、予め栄養士と十分連絡を取り、持参しやすいものにし、各自が学級で一人分を袋に入れて集合する。

　リーダーが自グループのプラカードで集合場所を表示し待つ。野外のため「敷物」は4〜6年生が用意した。野外の給食場所は、学校周辺で安全が確保され衛生上問題のない公園に班ごとに行き、会食・交流する。

　実施後の児童の感想から今回のねらいについて捉えてみた。

　Y男：「10月18日は、たてわり野外給食でした。いろんな話をして食べました。運動会に何位だったかとか、「アリ」が上がってきて大騒ぎをしたり、自分が何月生まれで何座だとか、とっても楽しかったです。ぼくは、グループリーダーだったから少したいへんだったけどまたやりたいです。」

　K女：「私のグループの「しらさぎ」は5丁目公園に行きました。給食をたべはじめた時、はんの5年生がパンを落としてしまったのではん長が半分あげました。やさしいなと思いました。食べているときにいろいろな話などをした。たべ終わってかたづけをするとき、3・4ぱんの人たちがごみあつめをしていたのでえらいなとおもう。みんなできょうりょくしているからいいなと思った。」

　Y男は、6年生のリーダーとして班員をまとめて安全に、話題もいろいろ苦労して実行できた感想が率直に述べられている。

　K女は、低学年ながら班員や周囲の活動のよさをしっかりと認めている。上記には、特別活動の「為すことによって学ぶ」ことや「ねらい」にある人間関係の認め合いが見て取れ、この活動に意義があったと捉えることができるであろう。

(5) 児童集会「おにぎり集会」の実践

　ねらいは、異年齢集団のたてわりグループで飯ごう炊飯の体験を通して社会性を養うことである。つくる喜び・食べる喜びとともに、皆で相談し協力し合うことによって集団としての意識を高める。児童のめあてとしては「みんなで協力し合い、おいしいおにぎりをつくろう」と決められた。主な日程は以下のようである。

　6月15日　児童会役員で原案を作成
　　　19日　リーダー会議・班長会議開催
　　　21日　たてわりグループ・班での話し合い（5校時）
　　　22～23日　児童会役員で看板・次第を書く
　　　26日　飯ごうを持参する
　　　29日　米・牛乳パックを持参する
　7月　1日　赤組「おにぎり集会」（児童会3時間）当日
　　　　2日　班長を中心にして次組へ渡す
＊白組・緑組「おにぎり集会」（児童会3時間）は別途の日に実施
〈当日の流れ〉
　　8時30分……校内の水道で米を研ぐ
　　9時　　……たてわり班ごとに校庭に集合～はじめの会
　　9時15分……班ごとに炊飯を開始する～おにぎり作りをする
　　10時30分……班ごとに会食する～後片付け
　　11時15分……たてわりごとに集合～終わりの会
　実施後の児童の感想から今回のねらいについて捉えてみた。
A男：「ぼくはおにぎりができるかどうか心配だった。リーダーだからしっかりしなきゃならない。でも協力したらちゃんとしたご飯ができた。すごく気持ちよかった。少し皆に厳しく言った感じがする。もし1年の時からたてわりをやっていたら、たくさんの友達ができて、思い出が残るだろう」
B女：「ちょっと新聞紙の使いすぎで灰や煙がたくさん出た。20分くらいで大成功だった。おにぎりは1年～6年みんなで握った。少し変な形もあったけどおいしかった」
　A男は、6年のリーダーとしての責任が果たせたことの喜びやたてわり活動の意義にまで言及している。まさに異年齢集団活動による社会性の育ち、人間関係の深まりが現れているといえるであろう。
　B女は、活動そのものが楽しめたこと、1年生から6年生まで一緒に

第6章

でき発達段階によっての違いがあることを認めている。

また、活動の経過中での話し合いで、班長が低学年には持参品の軽減や適切な物に変えたり、当日の役割を明確にしたりしたために活動そのものがスムーズに展開された。

おにぎり作りでは、個々の経験を生かした教え合いの場面が多く見られ、自分でもできるという喜びを感じ取ることができた。

「なすことによって学ぶ」という特別活動の方法原理がここにも見て取れる。

第4節　部活動の実践

1. 中学校における部活動の取り組み

【○○中学校の例】

(1) **部活動の目的**

部活動は課外活動ではあるが、本校では教育活動の一環として行われる活動である。したがって、選手育成や技術の向上だけを目的とした活動ではなく、あくまでも生徒の心をはぐくみ、生徒の健全育成を目的とした教育活動として位置付けてある。

解説

部活動は、教育課程外（学校では課外活動という場合が多い）ではあるが、重要な学校の教育活動であることを確認している。また、過度な競争や技術のみに重点がいかないように留意し、学校の教育目標との関連で捉えているのがポイントである。

(2) **活動の原則**

① 部活動は、活動を希望する生徒を指導・支援する（顧問）によって行われる活動であり、よって生徒の希望参加により活動する。

② 活動は、生徒の状況や職員の異動を考慮して1年単位として活動している。また、年度当初の募集結果により、年度の活動部を決定している。

③ 部活動も教育活動の一環として行われるので、総責任者は学校長である。ただし、各部の具体的指導（技術と精神面）責任者は、顧問であり、顧問の責任で活動する。

> 特別活動の実践

|解説|
　活動の原則として、生徒の自主的、自発的活動であること、部員数と顧問の決定、責任の明確化、生徒に対する指導・支援などを載せている。
　なお、「学校長」という言葉は、法令では「校長」となっているが、学校現場で使われることもある。

(3) 活動上の注意
① 活動前
　ア．顧問の指示により、時間や決められた場所で活動する。生徒だけの活動はできない。顧問の先生が出張などで不在の時は活動できない。
　イ．放課後の活動であるが、放課後に行事・委員会・学級会等がある場合には、それらを優先する。5校時の日は14：45から、6校時の日は15：45から活動できる。
　ウ．部活動連絡用ホワイトボードは、部長または副部長が記入し、活動の有無などの連絡に使用する。また、倉庫の鍵も部長または副部長が職員室へ取りに来て、開錠後職員室に戻す。
　エ．定期考査1週間前から部活動は禁止とする。ただし、定期考査終了直後に公式戦がある場合には、朝または放課後の1時間位の特別練習は認めることとする。（顧問から保護者へ連絡をする。）
　オ．更衣は各更衣室を利用し、着替えた荷物等は活動場所に持っていく（外の部活については顧問の指示に従う）。更衣室には荷物等の私物を置かない。貴重品は顧問にあずけ、盗難や紛失に注意する。
　カ．活動時間は、年間を通して放課後は最終下校時間の18：30までとする。
　　朝練習は7：30～8：15までとする。7：15以前の登校はしない。
　　冬季の活動については、各顧問の判断と保護者への連絡・了承のもと終了時間を設定する。
② 活動中
　ア．活動中は、活動場所から勝手に離れないようにする。
　イ．活動中の服装は体育着での活動を基本とする。しかし、顧問の指示で揃えた練習着（Tシャツやウインドブレーカー等）は活動中のみ認める。
　ウ．活動中の飲み物を用意してくることは認める。しかし、飲む時間や場所は顧問の指示で行い、練習の合間、休憩時間の時に水分の補

給をする。体育館のフロアーや昇降口で飲まないようにする。
③　活動後
　ア．活動場所の整理整頓をお願いする。なお、運動部顧問は倉庫の施錠や体育館のモップがけ、校庭使用後のトンボがけなどの整備をする。
　イ．最終下校時間を厳守する。片付け、更衣の後、それぞれの活動場所または昇降口に集合し、挨拶をして下校する。活動後は教室に戻らず、活動場所から直接下校する。
　ウ．活動後に、自分の靴箱に体育着等を置いてもよいが、次の登校時には教室へ持っていくこと。また、教室内に部活での用具を置く場合には、担任の許可をとる。
　エ．活動後に部長・顧問は次のことを確認する。

> a教室・倉庫の施錠　b鍵の返却（職員室へ）　c下校指導
> d戸締りと更衣室の点検　　　　e消灯確認

解説

　部活動を行うに当たって、活動前、活動中、活動後と、丁寧に注意点を述べている。学校生活を楽しく豊かに、充実するよう、生徒の健康安全、事故防止、施設利用上の留意点、マナーなどについて細かく規定している。

(4)　その他
① 　下校時に買い食いや道草をしたり、自転車での再登校など決まりの違反は部の責任として、活動中止とする。責任ある行動をとる。
② 　対外試合（公式戦・練習試合）などに参加する場合には、公共の交通機関を利用する。自転車で会場へ行くことはできない。
③ 　対外試合への参加は、本校の代表生徒として参加しているという自覚をもつ。
④ 　活動費用について、学校予算内でできるよう検討する。しかし、個人に還元するものは個人負担となる。
⑤ 　部により部費を徴収することもある。顧問から説明する。

解説

　その他についても、公衆道徳、公共心、規範意識の醸成、学校に対する愛着や所属感などについて述べている。

(5) 平成○○年度開設部活動一覧

| 部活動名 | 活動日 | 部会の場所 | 部員数 | 顧問 | 備考 |

(略)

第5節 学校行事の実践

1. 学校行事の目標と内容

　学校行事の目標と内容については、小学校、中学校、高等学校いずれも、ほぼ同様の文言となっている。高等学校では、発達の段階を考慮し、小・中学校の「よりよい学校生活を築く」に社会生活まで広げて、「よりよい学校生活や社会生活を築く」としている。5種類の行事については、小学校の「(4)遠足・集団宿泊的行事」を中・高等学校では「(4)旅行・集団宿泊的行事」としている。

2. 年間指導計画と実施計画（実践事例）

　学校行事における年間指導計画については、学校における教育課程の全体計画の中で、学校行事の目標が達成できるよう計画的に、また、児童生徒の過重負担にならないよう配慮し、月ごとに(1)の儀式的行事から(5)の勤労生産・奉仕的行事までの各活動内容を割り振ることが大切である。例えば、4月には入学式、始業式、着任式、離任式、身体計測、1年生に対するオリエンテーションなどが考えられる。5月には、遠足や修学旅行を行う学校があったり、運動会（体育祭）を行う学校があったり、それぞれの学校の状況によっている。

　実践事例として、ここでは、中学校の(3)健康安全・体育的行事から体育祭を例に取り上げる。

　体育祭のねらいを十分に達成するためには、教職員の共通理解を図り、学校全体として組織的に行われる必要がある。そこで、4月当初から体育祭当日までの日程、役割分担、保護者や地域への周知、事後指導、評価などの詳細を示していくことが大切である。

第○○回○○中学校体育祭実施要項（案）

平成22年○月○日
体育祭行事委員会

1　日　　時　　平成22年○月○日（○）　雨天順延○月○日

2　場　　所　　○○中学校校庭

3　目　　的　　①日常の体育活動の成果を発表する機会とする。
　　　　　　　②競技や係活動を通して、互いに協力し、集団の中の一員として役割を果たす。
　　　　　　　③健康・安全に留意し、練習や競技する態度と能力を養う。

4　競技方法　　①学年別、学級対抗及び色別対抗の競技会形式とする。
　　　　　　　②4色（赤・黄・青・緑）対抗の応援合戦は競技とは別にする。

5　表　　彰　　・総合　　優勝　賞状　　　　　準優勝　賞状
　　　　　　　・各学年　1位　賞状とカップ　　2位　　賞状

6　競技種目、ルール、得点、参加人数など
　（略）

7　服装等に関する注意事項
　①　演技中の服装は学校指定体操着とし、クラスカラーのハチマキ、ゼッケンを着用する。
　②　見学者及び自席での応援時の服装は、上記と同じとする。ジャージを着用してもよい。
　③　見学者は事前に学級担任に申し出て許可をもらう。
　④　裸足、スパイクの使用は禁止する。

8　体育祭当日について
　①　一般生徒は、8時20分に体操着着用のうえ登校。
　②　係生徒は、担当の先生の指示に従う。
　③　8時35分校庭の自席にて出席確認。（水筒・タオル・帽子等持参）
　④　8時40分入場隊形に整列。

9　会場内での注意事項
　①　先生、係生徒の指示に従い、速やかに行動する。
　②　係生徒は、指定の場所に椅子を持っていき、その場所で見学する。
　③　一般生徒及び見学者は、自席で見学する。
　④　トイレの使用
　　　プール前のトイレ、1・2年生の昇降口前のトイレを使用する。
　⑤　昼食時以外は校舎内に入らない。

10　雨天の場合
　（略）時間割の変更など

11　開会式
　①　入場行進　②開会の言葉　③学校長挨拶　④選手宣誓　⑤諸注意

12　閉会式
　①　成績発表　②表彰　③学校長講評　④校歌斉唱　⑤閉会の言葉

13　実行委員
　実行委員会を組織する。メンバーは体育委員が行う。開閉会式の運営、スローガンづくり、広報活動などを行う。

14　その他
　・体育祭ポスターコンテストを行う。

課題

1. 学級（ホームルーム）活動の特質を押さえつつ、具体的な活動展開例を考えてみましょう。
2. 児童（生徒）会活動の特質を押さえつつ、具体的な活動展開例を考えてみましょう。
3. 異年齢集団活動の意義を押さえつつ、具体的な活動展開例を考えてみましょう。

参考文献

文部科学省「小学校学習指導要領」（2008年）
文部科学省「中学校学習指導要領」（2008年）
文部科学省「高等学校学習指導要領」（2009年）
文部科学省「小学校学習指導要領解説　特別活動編」（2008年）
『小学校学習指導要領　新旧比較対照表』（日本教材システム、2008年）

資料提供
愛川町立中津第二小学校
厚木市立森の里小学校
町田市立真光寺中学校
町田市立南成瀬中学校

第7章 特別活動における学校安全と危機管理

　学校が児童生徒の成長と自己発達を促す教育活動を十分に展開していくためには、学校が安全で安心な環境を確保することがその前提となる。しかしながら、昨今、学校はさまざまな危機に直面している。例えば、不審者の侵入、登下校中の事件・事故、さらには結核や新型インフルエンザといった集団感染症の発生、熱中症をはじめとする教育活動中の事件・事故など、学校にはこれまで以上に児童生徒の安全を確保するための危機意識と危機管理のための万全な体制づくりが求められている。

　とりわけ、特別活動の各分野においては、学校安全を確保するための安全教育・安全管理だけでなく、各活動中に起こることが予測されるさまざまな事故等に対して高い危機管理能力をもつことが肝要である。

　本章では、学校・教師に求められる学校安全と危機管理を踏まえ、特別活動における安全教育と危機管理について学習する。

第1節　学校における安全・安心の確保と危機管理

1. 今、なぜ、「学校の安全・安心」か

　今日、「危機管理」という言葉が学校において当然のこととして扱われるようになってきた。地震・風水害といった自然災害や火災、日常の教育活動中に生じうる事件・事故、傷病、また外部者による殺傷事件等、学校においても事故・災害はあらゆる場面で起こりうるものであり、子どもたちは多様な危険にさらされているといわざるを得ない。

　特に、平成13年6月の大阪教育大学附属池田小学校での凶器を持った侵入者による児童・教師殺傷事件や、平成15年12月の京都府宇治市立宇治小学校での不審者による児童の安全を脅かす事件等、学校への侵入者による事件や登下校中に子どもに危害が加えられる事件等が後を絶たない。学校には、児童生徒が安心して教育を受けることができるよう、学校安全に関する施策について組織的・継続的に対応していく高い危機

管理能力が強く求められるようになってきている。

　学校における危機管理の目的は、子どもたちにとって安全かつ安心できる生活・学習環境づくりにある。文部科学省では、外部からの侵入者による事件・事故などへの対応を含め、安全管理に関する点検項目を例示するなどして（例えば「幼児児童生徒の安全確保及び学校の安全管理についての点検項目（例）の改訂について」〈平成13年8月〉）、学校に対して安全な環境確保への取り組みを充実させるよう要請している。特に、平成16年1月に文部科学大臣により発表された「学校安全緊急アピール―子どもの安全を守るために―」では、①実効性の高い学校独自の危機管理マニュアルを策定し、防犯訓練等を通して、これを不断に検証し、随時改善を図っていくこと、②「安全・安心な学校づくり」のため、学校、家庭、地域社会の連携・協力による地域ぐるみの取り組みが不可欠であること、等を強調している。

2. 学校安全とは

　学校安全を考えるうえでは、「安全教育」と「安全管理」が必要であり、これらは学校の教育活動全体を通して行われるものである。かつ、この両者が一体となって行われる必要があり、たとえ万全な安全管理をしたとしても、安全教育が十分になされていなければ学校安全を確実に確保しているとはいい難い。

(1) 安全教育

　「安全教育」には、「安全学習」と「安全指導」がある。「安全学習」は、各教科で行われるものであり、児童生徒の実態を踏まえて安全についての知識を与え、理解させ、安全に関する原理原則等の学習をさせるものである。また、「安全指導」とは、安全学習による成果を日常生活のうえで反映させるための指導である。

　学校においては、児童生徒の安全を守るための取り組みを意図的・計画的に行うとともに、児童生徒の発達段階に応じて、児童生徒が社会で生きていく中で遭遇しうる危険やその対処法などを指導し、社会の中でさまざまな危険について自ら判断し、自らの身を守ることができる能力や態度を身に付けるよう指導していくことが重要である。そのためにも、児童生徒自らが危険を予測し（危険予知能力）、それを回避して安全な行動がとれるよう、学校における安全教育の充実が求められている。

(2) 安全管理

　一方、「安全管理」には、「学校環境の管理」と「事件発生後の安全管理」がある。「学校環境の管理」とは、安全点検のことであり、学校施設設備についての点検は法的に義務付けられている。また、「事故発生後の安全管理」とは、救急体制・連絡体制を組織立てることをいう。

　学校施設は、そもそも「学校が活動している昼間の時間帯に、不審者が侵入してくることを防ぐ」という観点からつくられたものではない。したがって、地域との連携や学校開放を推進するためには、必然的に利用形態が複雑になることは避けられない。言い換えれば、学校という施設は防犯上、弱点が多い施設といえよう。こうした点からも、学校環境の管理と事故発生後の安全管理は、いずれも必要なものなのである。

3. 学校安全に関する法整備―学校保健安全法の制定―

(1) 学校に求められる子どもの安全を守る体制の整備

　先に述べたように、学校という本来子どもにとって最も安全な場所で起こった凄惨な諸事件を背景に、学校における安全の確保と危機管理の重要性を求める気運が高まっている。そうしたなか、平成20年1月に中央教育審議会答申「子どもの心身の健康を守り、安全・安心を確保するために学校全体として取り組みを薦めるための方策について」が出された。本答申では、子どもの安全を守るための取り組みとして、

① 安全な環境を整備し、事件・事故の発生を未然に防ぐための<u>事前の危機管理</u>
② 事件・事故の発生時に適切かつ迅速に対応し、被害を最小限に抑えるための<u>発生時の危機管理</u>
③ 危機が一旦収まった後、心のケアや授業再開など通常の生活の再開を図るとともに、再発の防止を図る<u>事後の危機管理</u>

という3段階の危機管理に対応して、安全教育と安全管理の両面から取り組みを進めていくことの必要性について述べている。

　また、子どもの安全を守るために学校に求められる役割として、以下の3点を指摘している。

① 学校の教育活動全体において行われる総合的な安全教育によって、子ども自身に安全を守るための能力を身に付けさせること。
② 施設設備の安全点検などにより、安全な環境づくりを行うとともに、開かれた学校という理念を前提としつつ、教育活動中における事故や

災害、学校への不審者侵入による事件などから子どもを守ること。
③ 学校においては、小学校・中学校を中心に登下校において子どもの安全が確保されるよう、地域の実情を考慮して通学路の設定を行っており、設定した通学路について定期的に点検を行うなど、通学路を含めた学校外の子どもの安全について一定の対応をとること。

(2) 学校保健安全法の制定

上記答申の提言を踏まえて、平成20年6月に学校保健法等の一部を改正する法律が成立・公布された。改正法では、従来の「学校保健法」という名称を「学校保健安全法」として、「学校保健法」には規定されていなかった「学校安全」に関する規定が盛り込まれたのである。

「学校保健安全法」は、学校における児童生徒等及び職員の健康の保持増進を図るため、学校における保健管理に関し必要な事項を定めるとともに、学校における教育活動が安全な環境において実施され、児童生徒等の安全の確保が図られるよう、学校における安全管理に関し必要な事項を定め、学校教育の円滑な実施とその成果の確保に資することを目的とする法律である(学校保健安全法1条)。

(3) 学校保健安全法による規定

同法における学校安全に関する規定のポイントは、第一に子どもの安全を脅かす事件・事故、及び自然災害に対応した総合的な学校安全計画の策定の義務化、第二に各学校における危険発生時の対処要領(危険対処マニュアル)の作成の義務化、第三に警察等関係機関、地域のボランティア等との連携による学校安全体制の強化、にある。

① 学校安全計画の策定・実施

> 学校においては、児童生徒等の安全の確保を図るため、当該学校の施設及び設備の安全点検、児童生徒等に対する通学を含めた学校生活その他の日常生活における安全に関する指導、職員の研修その他学校における安全に関する事項について計画(学校安全計画)を策定し、これを実施しなければならない。
> (同法27条)

学校安全計画は、学校が子どもの安全を守っていくにあたっての具体的な実施計画である。学校は、「学校施設・設備の安全点検・安全管理」「子どもに対する学校・日常生活における安全指導・安全学習」「学校現

場で学校安全を担う教職員の研修」という3点について、具体的な実施計画を立案する。また、実施内容はもちろんのこと、実施回数や実施時期、教職員の役割分担を含め、細かく規定しておく必要がある。

② 学校環境の安全確保

> 校長は、学校環境の安全の確保のために、当該学校の施設又は設備について、児童生徒等の安全の確保を図るうえで支障となる事項があると認めた場合には、遅滞なく、その改善を図るために必要な措置を講じ、又は当該措置を講ずることができないときは、当該学校の設置者に対し、その旨を申し出るものとする。
> （同法28条）

　学校環境の安全の確保は、「校長」の責務として規定されており、学校現場における責任主体が明確にされている。これは、学校施設・設備の不備により事故・災害が発生した場合の責任の所在を明確にするという意味をもつものである。

③ 危険等発生時対処要領の作成

> 学校においては、児童生徒等の安全の確保を図るため、当該学校の実情に応じて、危険等発生時において当該学校の職員がとるべき措置の具体的内容及び手順を定めた対処要領（「危険等発生時対処要領」）を作成する。校長は、危険等発生時対処要領の職員に対する周知、訓練の実施その他の危険等発生時において職員が適切に対処するために必要な措置を講ずるものとする。
> （同法29条）

　対処要領（いわゆる危機管理マニュアル）とは、危険発生時（事故、加害行為、災害等により子どもに危険や危害が生じた場合）に教職員がとるべき対応の具体的内容や手順を定めたものと定義されている。先にふれた平成13年6月の大阪教育大学附属池田小学校での児童殺傷事件を契機に、文部科学省が作成した「学校への不審者侵入時の危機管理マニュアル」（平成14年12月）に代表されるような危機管理マニュアルは、現在ほぼすべての国公立学校で作成されている。

④ 家庭・地域との連携強化

> 学校においては、児童生徒等の安全の確保を図るため、児童生徒等の保護者との連携を図るとともに、当該学校が所在する地域の実情に応じて、当該地域を管轄する警察署その他の関係機関、地域の安全を確保するための活動を行う団体その他の関係団体、当該地域の住民その他の関係者との連携を図るよう努める。
> (同法30条)

現状を鑑みれば、学校安全のためにはこれまで以上に「開かれた学校づくり」に基づく学校・家庭・地域の連携強化が必要であることはいうまでもない。なによりも、複眼的に子どもを見守っていくことが重要である。

4. 学校における危機管理

(1) 学校における危機管理に関する基本的考え方

「危機管理」とは、「大地震などの自然災害や、不測の事態に迅速・的確に対処できるよう、事前に準備しておく諸政策」（大辞泉）をいう。すなわち、学校における危機管理とは、①児童生徒の生命や身体を守り、安全を確保すること、②児童生徒や保護者との信頼関係を保つこと、③児童生徒の心理的動揺を防ぎ、学校を安定した状態にすること、を目的として危機を予知・回避するとともに、危機発生時には被害を最小限度にとどめる取り組みである。

危機管理は、①危機の予知・予測、②未然防止に向けた取り組み、③危機発生時の対応、④対応の評価と再発防止に向けた取り組み、といったプロセスにより進められる。

(2) 「学校の管理下」と学校事故

学校及び通学路等の「学校の管理下」において発生するさまざまな災害や事故を、「学校事故」という。ここでいう「学校の管理下」とは、次のような場合が該当する（独立行政法人日本スポーツ振興センター法施行令5条2項）。

① 児童生徒等が、法令の規定により学校が編成した教育課程に基づく授業を受けている場合
② 児童生徒等が学校の教育計画に基づいて行われる課外指導を受けて

いる場合
③ ②に掲げる場合のほか、児童生徒等が休憩時間中に学校にある場合その他校長の指示または承認に基づいて学校にある場合
④ 児童生徒等が通常の経路及び方法により通学する場合
⑤ 前各号に掲げる場合のほか、これらの場合に準ずる場合として文部科学省令で定める場合（注：①学校の寄宿舎に居住する児童生徒等が、当該寄宿舎にあるとき、②児童生徒等が、学校以外の場所であって授業もしくは課外指導が行われる場所または寄宿舎と住居との間を、合理的な経路及び方法により往復するとき、③高等学校の定時制の課程または通信制の課程に在学する生徒が、技能教育のための施設で当該施設の所在地の都道府県の教育委員会の指定するものにおいて当該高等学校における教科の一部の履修とみなされる教育を受けているとき）

義務教育諸学校等での管理下で学校事故が発生した場合、その補償等については、独立行政法人日本スポーツ振興センターが「学校安全災害共済給付制度」を設け、必要な給付を行っている。この制度では、認可保育園から高等専門学校までの園児、児童、生徒が対象となっており、公立・私立学校のほぼ100％近くが加入している。掛け金の保護者負担は、義務教育で4～6割、その他は学校設置者が負担している。

(3) 危機管理の具体的内容
① 登下校時における危機管理

平成17年に広島市や今市市で起こった、下校中の小学校1年生の女児が誘拐・殺害されるという痛ましい事件をはじめとして、登下校時における児童生徒の安全確保は大きな問題となっている。文部科学省では、学校に対して登下校時（部活動後の帰宅時を含む）における児童生徒の安全確保について、保護者、地域社会、警察等の関係機関との連携を進めながら安全管理を徹底するとともに、安全教育の推進を図るよう繰り返し指導してきた。それにもかかわらず、事件は繰り返し発生しており、より徹底した危機管理が急務となっている。

登下校時における危機管理については、以下の点が重要である（文部科学省「登下校時における幼児児童生徒の安全確保について」（平成17年12月）。

ア．通学路の安全点検の徹底と要注意箇所の周知徹底
　登下校時において幼児児童生徒の安全を確保するために、通学路の

安全点検を教職員や保護者が定期的に実施し、要注意箇所の把握・周知徹底を行うこと。
イ．登下校時の幼児児童生徒の安全管理の徹底
　　登下校時において幼児児童生徒の安全を確保するためには、幼児児童生徒を極力一人にしないという観点から、集団登下校や保護者等の同伴等による安全な登下校方策の策定、幼児児童生徒の登下校を地域全体で見守る体制の整備等の対策を実施すること。
ウ．幼児児童生徒に危険予測・回避能力を身に付けさせるための安全教育の推進
　　幼児児童生徒が犯罪に巻き込まれないようにするためには、幼児児童生徒に危険予測能力や危険回避能力を身に付けさせることが必要であることから、通学安全マップの作成、防犯教室の実施等の取り組みを通じて、幼児児童生徒の発達段階に応じた実践的な防犯教育を推進すること。
エ．不審者等に関する情報の共有
　　日頃から、不審者の出没に関する情報等について、警察と連携をとりながら、学校と保護者、地域の関係団体等との間で、情報を迅速かつ確実に共有するための取り組みを進めていくこと。
オ．警察との連携
　　登下校時における安全確保対策を進めるに当たっては、警察との連携が不可欠であることから、学校警察連絡協議会の場等を通じた平常時の情報交換や防犯教室・防犯訓練への参加、不審者に関する情報の共有等さまざまな機会をとらえて、警察との意見交換等を実施すること。
② 感染症（新型インフルエンザ）に対する危機管理
　平成21年は新型インフルエンザが猛威をふるい、職場や学校だけでなく、経済活動を含めた国民生活全体が甚大な影響を受けた。感染症については感染拡大の防止が重要であり、地域や職場における感染拡大の防止のための措置として、政府・新型インフルエンザ対策本部は「外出に当たっては、人混みをなるべく避けるとともに、手洗い、混み合った場所でのマスク着用、咳エチケットの徹底、うがい等を呼びかける」、「事業者や学校に対し、時差通勤・時差通学、自転車通勤・通学等を容認するなど従業員や児童生徒等の感染機会を減らすための工夫を検討するよう要請する」、「集会、スポーツ大会等については、一律に自粛要請は行わない。ただし、主催者に対し、感染の広がりを考慮し、当該集会等の

開催の必要性を改めて検討するとともに、感染機会を減らすための工夫を検討するよう要請する」といった基本的対処方針を示した。

これを受け、厚生労働省は「学校・保育施設等の臨時休業の要請等に関する基本的考え方」（平成21年9月）をとりまとめ、学校における対応のあり方についての考え方を示した。そのポイントは、次のとおりである。

ア．臨時休業には、地域での流行早期に公衆衛生対策として行われる「積極的臨時休業」と、地域で流行が拡大した後に、多数の生徒や教師が休んだ時に行われる「消極的臨時休業」がある。臨時休業については、上記2種類があることを踏まえて、流行の段階を少なくとも、流行の開始の前後で二段階に分けて、都道府県等、及び学校・保育施設等の設置者等において検討されることが望ましい。

イ．感染拡大を防ぐための対策は臨時休業だけではなく、インフルエンザ発症者を外出させないことを徹底すべきである。そのためには、毎日の登校（園）・出勤前の検温を義務付けること等、発熱している者や呼吸器症状を呈する者を幅広く休ませることが重要である。さらに、発症後は、他者への感染を防ぐために少なくとも解熱後2日間、できれば発症後7日間の欠席・欠勤措置、外出自粛の要請等を行うことが必要である。

ウ．学校閉鎖・学級閉鎖の実施に当たっては、地域の疫学状況、それらの対策を行うことによる経済的・社会的影響を考えて個別に判断すべきである。

第2節　特別活動における安全教育と危機管理

1．学校における安全教育のねらい

学校安全の充実を図るために学校に求められる役割として、各教科や特別活動をはじめとする教育活動全体を通して、子ども自身に安全を守るための能力を身に付けさせることが挙げられる。具体的には、子どもの発達段階に合わせて、以下のような能力をはぐくむことが期待されている。

① 日常生活における事件・事故、自然災害などの現状、原因及び防止方法について理解を深め、現在や将来に直面する安全の課題に対して、的確な思考・判断に基づく適切な意思決定や行動選択ができるように

すること。
② 日常生活に潜むさまざまな危険を予測し、自他の安全に配慮して安全な行動をとるとともに、自ら危険な環境を改善できるようにすること。
③ 自他の生命を尊重し、安全で安心な社会づくりの重要性を認識して、学校、家庭、及び地域社会の安全活動に進んで参加し、貢献できるようにすること。

表11　発達に応じた安全教育の内容

小学校 （低学年）	安全に行動することの大切さを理解し、安全のためのきまり・約束を守ることや身の回りの危険に気付くことができるようにする。また、危険な状態を発見した場合や事件・事故災害時には、教職員や保護者など近くの大人に速やかに連絡し、指示に従うなど適切な行動ができるように指導する。
（中学年）	「生活安全」「交通安全」「災害安全」に関するさまざまな危険の原因や事故の防止について理解し、危険に気付くことができるとともに、自ら安全な行動をとることができるようにする。
（高学年）	中学年までに学習した内容を一層深めるとともに、さまざまな場面で発生する危険を予測し、進んで安全な行動ができるようにする。また、自分自身の安全だけでなく、家族など身近な人々の安全にも気配りができるように指導する。
中学校	小学校までに学習した内容をさらに深め、交通安全や日常生活に関して安全な行動をとるとともに、応急手当の技能を身に付けたり、防災への日常の備えや的確な避難行動ができるようにする。また、他者の安全に配慮することはもちろん、自他の安全に対する自己責任感の育成も必要である。さらに、学校、地域の防災や災害時のボランティア活動等の大切さについても理解を深め、参加できるようにする。
高等学校	自らの安全の確保はもとより、友人や家族、地域社会の人々の安全にも貢献する大切さについて一層理解を深める。また、心肺蘇生法などの応急手当の技能を高め、適切な手当が実践できるようにする。さらに、安全で安心な社会づくりの理解を深めるとともに、地位の安全に関する活動や災害時のボランティア活動等に積極的に参加できるようにする。
特別支援学校	児童生徒等の障害の状態、発達の段階、特性等及び地域の実態等に応じて、自らの危険な場所や状況を予測・回避したり、必要な場合には援助を求めることができるようにする。

（文部科学省『生徒指導提要』平成22年をもとに作成）

2. 特別活動における安全教育の具体的取り組み

(1) 学級活動における安全指導

　学級活動においては、防犯・身の回りの安全、交通安全、防災など、自他の生命を尊重し、危険を予測し、事前に備えるなど日常生活を安全に保つために必要な事柄を理解させる。

　そのためには、きまりを守り、危険を回避し、安全に行動できる能力や態度を育てる内容を実践していく。

≪事例1：ケガから身を守る（U市立M小学校）≫

	活動の場	活動内容
事前指導	朝の会	校舎内でのケガについてアンケート調査を実施。アンケートの結果から実態を把握し、活動内容を検討。
本時	学級活動	テーマ：「けがをふせごう」
事後指導	帰りの会 （1週間後）	けがのない安全な行動が実践できているか自己評価を行い、1週間後に確認し合う。

(2) 学校行事における安全指導

① 交通安全指導

　交通事故の実態、道路の歩行・横断、自転車の安全な乗り方、ヘルメットの着用や自転車の点検・整備、二輪車・自動車の機能や特性などについて、全校の児童生徒を対象とした講話や訓練その他実践的な指導を行う。

≪事例2：交通安全教室（Y市立S小学校）≫

> 　講師として県警本部、警察署の方を招き、交通安全教室を開催。校庭に道路や交差点などを描き、信号機を置いて「安全な道の歩き方」「安全な自転車の乗り方」などを学習。また、車道側を通る時や視界が限られている時の視覚実験も実施。当日は、ボランティアの方々にもお手伝いいただきながら安全教室を展開。

② 防災避難訓練

　防災避難訓練は、火災、地震、津波、火山活動、風水（雪）、原子力災害等の災害の発生に際して、適切に対処することができるようになるための資質・能力を養うことを目指して行われる実践的な指導の場であ

る。ただし、昨今の不審者による事件等を鑑みると、今後はそうした事件等を想定した避難訓練など、学校の危機管理上の現状を多角的に踏まえた訓練も取り組んでいく必要があろう。

≪事例3：避難訓練実施計画案≫

1. 目的
   - ◆ 火災が発生した時、児童が安全に避難できるように避難目的・方法・経路・約束などを知る。
   - ◆ 自らの命や他人の命を守る方法を実際の訓練を通して身に付ける。

2. 日時等
   - ◆ 平成〇〇年〇月〇日（〇）　10：05～10：20
   - ◆ 出火予定場所：給食室
   - ◆ 避難場所：運動場

3. 進行
   ① 10：05～10：06　校内放送（出火場所・出火状況・避難経路）
   ② 10：06　避難開始
   ③ 10：11　集合確認（担任は人数を確認し、学年主任が取りまとめ本部〔副校長〕に報告）
   ④ 10：11～11：16　校長先生の話
   ⑤ 10：20　教室へ移動

4. 事前指導・避難要領・事後指導

事前指導	◆ 火災の恐ろしさ ◆ 学校で火災が起こった場合の約束（お：おさない、は：走らない、し：しゃべらない） ◆ 避難経路／避難方法
避難要領	◆ 校内放送で状況を聞く。 ◆ 避難開始の合図で行動する。 ◆ 階段では前をよく見て、人を押さない。 ◆ ハンカチや手で口を覆う。 ◆ 上靴のまま外に出る。
事後指導	◆ クラスの反省（「お・は・し」が守れたか）。 ◆ 出火場所が他の場所である時についての確認。 ◆ どんな場所でも放送をよく聞いてから、適切な行動をとる。

≪事例4:地域と小学校全児童・教員との防災訓練及び夜間宿泊訓練(Y市立K小学校)≫

> Y市K区では、区内の地域防災拠点において地域ぐるみの自主防災訓練を実施。K小学校地域防災拠点では、地元住民とK小学校の全校児童・全教員が参加する自主的な地震想定訓練を実施。昼間は、小学校の全児童が避難訓練を行い、夜間は体育館で「防災講演会」及び地域住民による宿泊訓練を実施。
>
> | 時間・場所 | 内容 |
> | --- | --- |
> | 10:00—13:15 校庭 | 情報伝達訓練、応急炊飯、煙体験、担架取扱、三角巾、初期消火訓練 |
> | 13:15—15:00 校庭 | 開会式、児童避難訓練、人命救助・救出訓練、小型ポンプ操法、閉会式 |
> | 19:00—翌朝6:00 体育館 | 防災講演会「阪神淡路大震災の語り部」(19:00—20:00) 心肺蘇生法、宿泊訓練、閉会式 |

③ 防犯指導

防犯指導としては、①登下校中、放課後、自宅周辺などにおいて、犯罪発生の危険性が高い場所・時間帯を確認する、②校内外で誘拐や傷害などの犯罪被害から身を守るため、「危険性の高い場所・時間帯を避ける」「逃げる」「助けを求める」「近くの教師や大人に知らせる」「110番通報する」等の具体的な方法についての指導を行う機会を設定する。特に、長期休業前は児童生徒の活動範囲が広がるため、こうした指導が重要となってくる。

(3) 児童(生徒)会活動における安全指導

「生活安全」「交通安全」「災害安全」等を課題として、児童会・代表委員会、生徒会役員会、生徒総会等で話し合う機会を設けたり、関連する映画の上映などを通じて、学校生活の充実や改善・向上を図る。

≪事例5:朝会での安全指導(S市立K小学校)≫

> 今月の生活目標は『学校のきまりを守ろう』。4月の朝会にて学校ボランティア防犯巡視員の方々を紹介。その後、「廊下の正しい歩き方」「校庭での安全な遊び方」について講話。

3. 特別活動における危機管理の具体的取り組み

(1) 修学旅行における危機管理

　平成18年5月、Y市立T工業高等学校の沖縄修学旅行中に水難事故が起き、1人死亡・1人行方不明・1人けがという痛ましい結果を招いた。事故後、事故原因の調査・分析と再発防止の提言を行うために事故調査委員会が設置された。

---

1. 修学旅行の概要
① 目的
　自然や文化・歴史に触れ、日常の生活では得ることのできない自然体験を通して、自主性をはぐくむとともに、学習の発展を図る。
　集団行動・集団生活を体験する中で、お互いに協力し合いながらそれぞれの個性をより理解し合う。
② 実施日
平成18年5月16日～5月19日（3泊4日）
③ 目的地
沖縄
④ 参加者
生徒239名、引率教員18名、業者添乗3名、現地業者添乗5名

2. 事故の概要
　修学旅行2日目、午後1時20分頃、波照間島のニシ浜で、土木科の生徒が珊瑚礁のリーフの中で海に入っているときに、他の生徒とは離れた場所にいた3人の生徒がリーフカレント（珊瑚礁の環礁内から外洋に流れ出す離岸流）に流された。港の防波堤付近にいた地域住民が生徒の叫び声にすぐに気付き、機敏な行動により救助活動が開始された。しかし結果的には、1人死亡・1人行方不明・1人けがという事故に至った。

　事故調査委員会では、事故原因として「危険な場所の存在の認識が困難だったこと」「生徒の引率や管理が不十分であったこと」を挙げている。事故調査委員会による再発防止報告書の指摘等を踏まえると、修学旅行における危機管理として、学校には以下の点について十分な対策が求められる。

表12　事故の背景から導きだされる今後求められる対策

実施段階	求められる対策
出発前	◆ 修学旅行等の行事に際しては学校として組織的に立案・実施する必要がある。 ◆ 現地での危機管理上の指導力向上のため、安全研修の内容の見直しを図るとともに、徹底して実施する。 ◆ 現地で活動させる際の判断規準は、児童生徒の発達段階に応じたものとする。 ◆ 現地の安全状況について、計画・準備段階や下見時の情報収集を可能な限り徹底して行う。
現地	◆ 現地で活動させる際、児童生徒の発達段階に応じた監視・指導体制が必要である。 ◆ 事前学習において、児童生徒に対する安全教育の充実を図る。 ◆ 行き先や自然体験活動の内容に応じて、気象状況などの状況に合わせた安全管理が必要である。 ◆ 現地での連絡、指示、点呼等を改めて徹底する。 ◆ 状況変化に応じた自然体験活動の実施決定については、複数の教諭で判断する。

(2) 部活動における危機管理

① 学校教育の一環としての部活動

　平成20年版の中学校学習指導要領において、部活動がはじめて「学校の教育活動の一環」として位置付けられ、「教育課程との関連」を図りながら運営していくことが明記された。部活動は、「スポーツや文化及び科学等に親しませ、学習意欲の向上や責任感、連帯感の涵養、互いに協力し合って友情を深めるといった好ましい人間関係の形成に資するものである」とされるように、豊かな心と健やかな身体の育成にとって重要な教育活動であり、かつ、集団生活の規範意識を高め、学校生活を楽しいものにするものである。

> 【中学校学習指導要領総則「指導計画の作成に当たって配慮すべき事項」】
> 　生徒の自主的、自発的な参加により行われる部活動については、スポーツや文化及び科学等に親しませ、学習意欲の向上や責任感、連帯感の涵養等に資するものであり、学校教育の一環として、教育課程との関連が図られるよう留意すること。その際、地域や学校の実態に応じ、地域の人々の協力、社会教育施設や社会教育関係団体等の各種団体との連携などの運営上の工夫を行うようにすること。

一方で、部活動における事故が多発していることもまた事実であり、部活動が学校教育の一環として取り組まれていく中で、部活動における事故防止に対してより一層の高い危機管理能力が求められる。

② 運動系部活動における危機管理

部活動における事故の要因はさまざまだが、一般的には①自身の人為的要因、②他人からの人為的要因、③運動・スポーツの特性による要因、④体力・技能や発達段階による要因、⑤活動計画や安全対策による要因、⑥施設・設備・用具等の要因、⑦自然現象や自然環境等の要因、⑧複合的な要因、等が考えられる（表13）。

表13 部活動における事故例

サッカー部の練習試合中、ヘディングでボールの取り合いになり、相手選手の頭と本生徒の顎（歯）が強くぶつかり負傷。（歯牙障害、高校1年）
野球大会の応援として朝から参加し、大会終了後は練習を実施。その後、片付けをしていたところ、うつ伏せでグランドに倒れているところを発見。顧問が直ちに心肺蘇生を行い、救急車で病院に搬送したが同日死亡。（心臓系突然死、中学1年）
剣道部部活中、生徒が竹刀を持ったまま走っていたところ、隣の生徒の身体に竹刀があたり、跳ね返って近くで座って身支度していた生徒の目に竹刀が当たった。（視力・眼球運動障害、中学1年）

（独立行政法人日本スポーツ振興センター『学校の管理下の死亡・障害事例と事故防止の留意点』平成20年版より）

部活動は、生徒の安全が確保されることが前提となる。部活動の実施に当たっては、学校としての安全管理の徹底が不可欠である。事故を未然に防ぐためには、以下の項目が重要となる。

ア．健康状態の把握

　生徒に、日頃から自分の健康管理について関心や意識をもたせ、適度な休養や栄養の補給に留意させる。

イ．個人の能力に応じた指導

　学年や個人差に十分配慮した活動内容と方法を工夫し、段階的・計画的な練習を行う。また、新しい内容（技）や高い技術の練習については、必ず顧問の指導下において実施する。

ウ．運動の特性を踏まえた合理的な指導

　運動の特性を踏まえた準備運動及び基礎的・基本的な技能を大切にした練習を行う。

エ．施設・設備・用具の安全点検と安全指導

定期点検日を設けるなど、学校全体で安全意識を高めるとともに、使用前には必ず練習場所、使用器具の整備・点検を実施し、生徒にも安全確認の習慣化を図る。

オ．天候や気象を考慮した指導

　活動時の気象条件に十分に留意する。特に、高温多湿な気象条件の際には、熱中症対策（次項「熱中症の予防」参照）に十分留意する。

カ．事故発生時の対応

　事故が発生した場合、何よりも最優先するのは生命の安否確認と生命の保持である。速やかに適切な応急処置を行うとともに、状況に応じて医療機関に搬送することが必要である。また、事故発生時の対応については対処マニュアルを作成するとともに、教職員に周知させ、緊急体制をいつでも確立できるようにする。

③ 熱中症の予防

ア．熱中症とは

　熱中症とは、暑い環境の中で発生する障害の総称である（表13）。熱中症の発生には、気温・湿度・風速・輻射熱（直射日光など）が関係するため、同じ気温でも湿度が高いと発生の危険性は高まる。また、運動強度が強いほど熱の発生が大きくなるため、その危険性は高まる。

表14　熱中症の病型と症状

熱失神	皮膚血管の拡張によって血圧が低下し、脳血流が減少して起こる。めまい、失神が見られる。顔面蒼白となり、脈は速く、弱くなる。
熱けいれん	大量の発汗があり、水のみを補給した場合に血液の塩分濃度が低下して起こるもので、筋の興奮性が亢進して、四肢や腹筋のけいれんと筋肉痛が起こる。
熱疲労	脱水によるもので、全身倦怠感、脱力感、めまい、吐き気、嘔吐、頭痛などの症状が起こる。体温の上昇は顕著ではない。
熱射病（重症）	体温調節が破綻して起こり、高体温と意識障害が特徴である。意識障害は、周囲の状況が分からなくなる状態から昏睡まで、程度はさまざまである。脱水が背景にあることが多く、血液凝固障害、脳、肝、腎、心、肺などの全身の多臓器障害を合併し、死亡率が高い。

イ．学校の管理下における熱中症発生例
〈室外での部活中（高等専門学校2年生）〉

> 野球部の夏合宿中、最高気温35℃の晴天の中で練習を終えたあと、上級生とジョギングをしながら宿舎に向かった。水分補給をしながら宿舎に到着したが、水シャワーを浴びるころから会話の様子に異常がみられ、部屋へ運んだ。その後呼吸が苦しそうになったため、気道確保したが、しばらくして反応がなく呼吸も激しくなったため、救急車で病院に搬送。

〈室内での部活中（中学校2年生）〉

> 柔道部活動時、他校武道場で合同練習。準備運動、寝技、投げ込み後、乱取りの練習を始めたところ、疲れた様子だったので教師が休憩するよう指示。しかし、意識がもうろうとし、右手の硬直がみられたため、救急車で病院に搬送。

〈運動終了後（高等学校1年生）〉

> バレーボール部活動中、体調が悪くなったので見学。部活動終了後、自転車を押しながら友人と一緒に下校。途中で倒れた。友人が渡したジュースを1本飲んだあと意識がなくなり、けいれんを起こしたので、救急車で病院に搬送。

〈遠足中（小学校6年、男子）〉

> 遠足中、班別でオリエンテーリングを済ませたあと、約60分、2km程の所で足がもつれてきたため、木陰で休ませるお茶を飲ませるなどして休憩。しかし、顔色不良、口からよだれのようなものをたらし始めたので、救急車で病院に搬送。

(独立行政法人日本スポーツ振興センターホームページをもとに作成)

ウ．学校における熱中症の予防

　近年、特に学校の管理下で熱中症による事故が多発している。学校の管理下における熱中症事故は、ほとんどが体育・スポーツ活動によるものである。熱中症は、それほど高くない気温（25～30℃）でも湿度が高い場合に発生するが、適切な措置を講ずれば十分防ぐことが可能なものである。学校が、熱中症の予防について正しい指導と対応をとることが重要である（表15）。

表15　熱中症予防のための指導のポイント

- ◆ 直射日光の下で、長時間にわたる運動やスポーツ、作業をさせることは避ける。
- ◆ 屋外で運動やスポーツ、作業を行うときは、帽子等をかぶらせたり、できるだけ薄着をさせる。
- ◆ 屋内外にかかわらず、長時間の練習や作業の際は、こまめな水分補給（0.2％食塩水あるいはスポーツドリンク等）と休憩をとらせる。
- ◆ 児童生徒の運動技能や体力の実態、疲労の状態等を常に把握し、異状がみられたら、速やかに必要な措置をとる。
- ◆ 児童生徒が不調を感じたら申し出て休むよう習慣付け、無理をさせないようにする。

第3節　危機に強い学校づくり

1．学校危機管理の組織化

　学校・教師は、「危機は常に内部に存在する」という危機感をもつことが必要である。学校危機管理が常態化している学校は、児童生徒が安心して学べる学習環境を整えることができる学校であるといえよう。

　そのためには、全教職員による組織的な活動が重要であり、教職員の役割分担や協力体制を整備し、いつでも柔軟に対応できるようにしておく必要がある。さらに、学校に潜む「見える危機」と「見えない危機」について教職員の共通理解が欠かせない。学校安全に対して、一丸となって取り組む姿勢と認識が求められる。

2．危機管理マニュアルの作成

　学校保健安全法でも規定されているが、各学校の実情（校種による特性、規模、物理的条件、地域との関係等）を踏まえて、学校独自の危機管理マニュアルを作成する必要がある。作成に当たっては、管理職や安全担当だけでなく、全教職員が参画して作成するとともに、保護者や地域住民とも意見交換を行うことが重要である。また、マニュアルが機能するように訓練を実施するとともに、マニュアルを活用した研修の実施も必要である。さらに、このマニュアルを随時更新していく必要があることも忘れてはならない。

3. 関係諸機関との連携—地域セーフティネットの構築—

　児童生徒一人一人の安全を確保するためには、校内だけでなく家庭や関係する諸機関との連携体制が不可欠である。さらには、市町村あるいは中学校区単位の「地域セーフティネット」の構築が求められる。学校、PTA、教育委員会、学校医、消防署、警察、保健所、地域の関係機関・団体等がそれぞれの特性を認識しながら協力し合い、期待される役割を果たすことができるような組織を形成し、日常的に連携できる体制を確立しておくことが、学校の危機管理を支える一つの鍵となろう。

課　題

1. 「学校の管理下」とはどのような状況をさすか、説明してみましょう。
2. 特別活動においてはどのような安全教育を展開したらよいか、具体例を挙げて説明してみましょう。
3. 運動系の部活動を展開するに当たっては、どのような安全管理が求められるでしょうか。

参考文献

阪根健二『学校の危機管理最前線』（教育開発研究所、2009年）
東京都教育委員会『学校危機管理マニュアル』（2007年）
東京都教育委員会『部活動中の重大事故防止のためのガイドライン～日常の活動に潜む危険を予見し回避するための安全対策～』（2008年）
広島県教育委員会『魅力ある運動部活動の在り方』（2010年）
文部科学省『生徒指導提要』（2010年）
文部科学省ホームページ「学校安全」
横浜市教育委員会『横浜の部活動～部活動ハンドブック』（2010年）

Chapter 8　第8章

特別活動における評価

「評価」（Evaluation, Assessment）とは何か。誰が何を目的として、何を評価するのか。一般に「評価活動」とは、担任・教師が児童生徒の学習の成果を診断・評価するとともに自己の指導を見直し、改善につなげ、授業内容の理解を一層深めるために行われるものである。B・ブルームの完全習得学習（Mastery learning）は、その代表的な理論である。

完全習得学習では、「評価」は指導と一体的に捉えられ、指導の手掛かりを得る手段として、「診断的評価」・「形成的評価」・「総括的評価」の評価活動を通して、一人一人の学習者（子ども）に一定水準の学力（能力）を保証すること目指して行われる。それでは、特別活動（Special School Activities）の評価はどうか。本章では、評価に関する基本的な考え方や特別活動の各活動や学校行事の評価について新しい「学習評価・指導要録の改善等に関する通知」（文部科学省）を踏まえて考察する。

第1節　評価の機能と特別活動

1．評価の意義と機能

評価とは、正確には「教育評価」（Educational evaluation）のことを言う。教育活動は児童生徒一人一人の望ましい成長発達を図るものであり、教育評価はその達成度を判断し、それ以降の教育活動に生かすためのものである。例えば、各教科学習においては教科の目標があり、評価はその目標からみてどの程度理解・達成できたか、またつまずきは何かなどを見取り、その後の教育指導に役立てる。つまり、教育活動と評価活動は、表裏一体（指導と評価の一体化）のものであり、よく車の両輪に例えられる。そして、その望ましい相補作用（Complementarity action）によって、教育の成果が期待できるのである。

従来、この評価と「評定」に混同が見られた。従前の評価は、各教科の観点別評価や学級・学年内の相対評価などが主流であり、いわゆるペーパーテスト等による評価・評定の傾向が強かった。加えて、各教科の学習過程における一人一人の児童生徒の活動状況などを把握し、よい

特別活動における評価

点や可能性を発見しながら適切に支援するという点では不十分な面が見受けられた。その結果、児童生徒には、「評価は教師が行うもの、自分はそれに従うもの」といった受け身で消極的な評価観が植え付けられたと考えられる。そして多くの保護者も評価について"受動的なイメージ"をもっていたのではなかろうか。今日、新たな時代の評価、換言すれば負のイメージの打破、肯定的な評価が強く求められるようになっている。

このことに関して、現行の児童指導要録改訂にかかわる教育課程審議会答申では、「評価」について次のように述べている。

> 評価の機能と役割は、一つには、各学年、学校段階等の教育目標を実現するための教育の実践に役立つようにすることであり、もう一つには、自ら学び自らは考える力などの「生きる力」の育成を目指すこれからの教育の在り方から考えて、児童生徒一人一人のよさや可能性を積極的に評価し、豊かな自己実現に役立つようにすることである。……以下略)
>
> （教育課程審議会答申）

また、新学習指導要領（小学校・中学校）においても、総則第4「指導計画の作成等に当たって配慮すべき事項」2-(11)に「児童のよい点や進歩の状況などを評価するとともに、指導の過程や成果を評価し、指導の改善を行い学習意欲の向上に生かすようにすること」と明記されている。

評価の機能（Function）は、図12のように捉えることができる。

下記の機能の内、特に①及び②のように、評価によって一層の充実と発展に導いていくところに評価の教育的な意義を認めることができる。つまり評価することによって、よりよいものへ方向付けていくという、フィードバック機能があるということである。具体的には、次の3点を明確に押さえて、評価活動に取り組むことが肝要である。

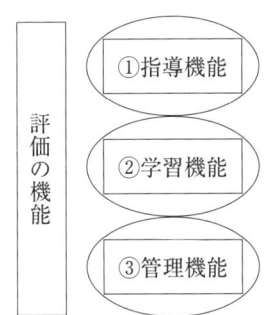

評価の機能
- ①指導機能 ・各教科目標からみて指導がどの程度達成、充実したかを判断し指導をよりよいものにする。
- ②学習機能 ・児童生徒の学習や活動状況を判断し、意欲的な取り組みに導き、一層充実させるようにする。
- ③管理機能 ・学習や活動の成果を判断し、A、B、Cなど一定の形式に当てはめて評定する。（指導要録や通知表）

図12　教育評価の機能

第8章

(1) よさや可能性を伸ばす評価——共感的な児童生徒理解

　評価は、児童生徒がもっている個性的なよさや可能性を見取り、それを伸長しようとするところに意義がある。学校・教師は、このような評価を意図的継続的に行うことが重要であり、そのためにも共感的な"児童生徒理解"が欠かせない。例えば、一人一人の児童生徒を、①知的側面、②情意・社会的側面、③進路発達的側面、④身体的側面から捉える。また、学校生活のみならず地域・家庭での児童生徒の行動や生活などについても適切に把握することに努める。

　こうした児童生徒理解に徹するためには、児童生徒との接し方において、担任・教師は一人の人間として共感的な態度で臨むことが大事である。ここでいう「共感的な態度」とは、児童生徒の立場に立って話を聞き、何に関心があり、何ができ、それをどう感じているかなどをありのままに受け止めることである。言い換えるならば、批判的な態度ではなく、受容的・親和的な態度で接することに他ならない。教師がこのような態度で児童生徒に寄り添い理解していくことが、これからの教育評価では特に重要になる。

　担任・教師が児童生徒を共感的に理解することは、児童生徒のよさや可能性を見取り、それをさらに伸ばしていくことに繋がるものである。

　特別活動では、例えば、小学校の学級活動や児童会活動等で見られる児童の考え方や行動、表現の仕方などはその児童らしい個性の表出と捉えることができる。担任・教師はこのような特別活動の各活動における児童生徒の活動・取り組みの姿を温かく見守り、児童生徒のよさや可能性を伸ばす観点から愛情をもって接していくことが大事である。

(2) 児童生徒の自己変革を促す評価——評価活動の積極的な意義

　学校・教師は、評価を児童生徒の「やる気」や「自信」を促すという視点から捉え、評価活動をしていたであろうか。評価することによって児童生徒の学習意欲を高揚させ、自信がつくようにしていたか。従前の評価では、"評価"を評定的に捉え、他者と比較したり、一定の枠の中で相対的に測定したりすることに重点が置かれ、児童生徒自身の自己変革を促すよう指導・支援することが不十分だったのではなかろうか。

　今日、"確かな学力"の育成は大事であり、一定の基準への達成度を測ること（目標準拠）は欠かせない。ここでいう「基準への達成度を測る」（目標準拠評価）とは、一人一人の児童生徒が学習のどこでつまずいているのか、その原因は何か、また学習・生活に積極的・意欲的に取

り組ませるためには何が必要かなどを考察することである。そして、評価結果から得られる情報を多面的に捉え、その情報を手掛かりに判断するとともに一層伸びるように温かく支援することが大事である。つまり、学校・教師は、評価の機能「児童生徒の自己変革を促すために行うものである」ことを明確に押さえて取り組むことが肝要なのである。

　小学校4年生の学級活動・話合い活動で、「芝生工事で校庭が使えない時間に1年生を楽しませよう」という議題で話し合いが行われた。

　そこでは、いすとりゲームや「得意技」など多くの意見がだされたが、それらを統合して1年生に喜んでもらうものや安全なものなどを意思決定することができた。担任・教師は、終末段階で評価的助言として「幾つかの意見をカット・消去するのではなく、合意するようにしたことが素晴らしい。司会団も、みんなの発言をつなげるようにしていた」と具体的事例に触れながら評価した。その後自己評価カードに記入させたが、ある児童は、「意見を合体するとよいものが生まれる」、また、司会の児童は「つなげると内容が深まる」と書いていた。この児童は自己の活動・体験を通して"合意形成"の大切さを学んだのである。このように担任・教師の適切な評価（指導）は、一人一人の児童の主体的な学び、自己変革を促すことにつながるのである。

(3) 指導法の改善や指導計画の見直し—指導と評価の一体化

　評価とは、児童生徒一人一人の自己変革を促し、望ましい成長を助長し促進していくものであるが、同時に、教師自身の指導法や指導計画、学習環境等を改善し充実させるものでなければならない。評価は、児童生徒のみならず教師にも役立つもの（PDCAサイクル）となることが大切である。換言すれば「評価は指導のためにある」といってもよいのである。加えて、評価は児童生徒や教師にとどまらず、学校や保護者、さらには教育行政担当者などの働きにも影響を及ぼすものである。

　特別活動においては、例えば、学級活動・ホームルーム活動は、年間計画に基づいて適切に実施されたか、児童生徒の自主的・実践的な態度の育成が図られたか、また学校全体の指導計画（学校行事）や各活動（生徒会活動、クラブ活動（小学校））の指導計画及び実施計画は適切だったかなどを学校・教師全体で振り返ることが求められる。

第8章

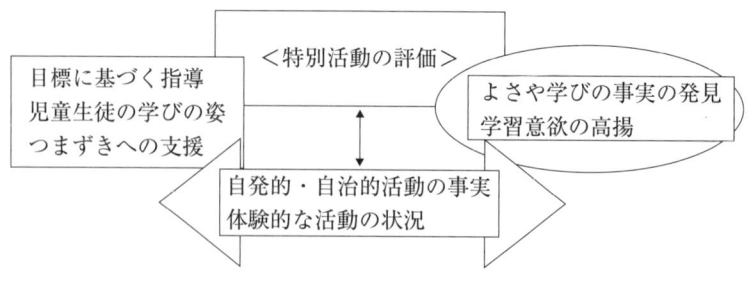

図13　特別活動の評価の捉え方

2. 特別活動の評価のポイント

　特別活動の評価は、図13のように目標に基づく指導及び児童生徒の学びの姿、よさや学びの事実の発見、自発的・自治的活動の事実の発見を基本として行うことが大事である。
　児童生徒の学習評価については、学習指導要領第1章・第4の2の(12)に次のように示されている。ここでは中学校を例に説明する。

> 　生徒のよい点や進歩の状況などを積極的に評価するとともに、指導の過程や成果を評価し、指導の改善を行い学習意欲の向上に生かすようにすること。

　このことは、個性の伸長を目指し、実践的な活動を特質とする特別活動においても重要であり配慮すべきことである。担任・教師としては具体的には、①指導計画の作成、②計画に基づく活動、③活動後の反省という一連の過程のそれぞれの段階で評価するということになる。
　特別活動の評価の基本は、繰り返しになるが生徒一人一人のよさや可能性を積極的に認めるとともに、自ら学び自ら考える力や、自らを律しつつ他者とともに協調できる豊かな人間性や社会性などの「生きる力」を育成するという視点から評価を進めていくということである。
　そのため例えば、生徒が自己の活動を振り返り、新たな目標や課題をもてるような評価を行い、活動の結果だけでなく、活動の過程における生徒の努力や意欲などを積極的に認めたり、生徒のよさを多面的・総合的に評価したりすることが必要である。また、集団活動や自らの実践のよさを知り、自信を深めるとともに課題を見出し、それらを踏まえて自ら取り組み、生徒の活動意欲を喚起する評価になるようにする。さら

に、生徒自身の自己評価や集団の成員相互による評価などの方法について、一層工夫することが求められる。

　なお、学校・教師の指導改善に生かすことも忘れてはならない。すなわち、評価を通じて教師が指導の過程や方法について振り返り、より効果的な指導が行えるよう工夫や改善を図ることである。その際、集団活動を特質とする特別活動の趣旨・精神を踏まえ、生徒個々の評価のみならず、集団の発達や変容について見取り、この評価の結果を指導に生かすようにすることが大事である。こうした新しい学習評価に当たっては、各活動・学校行事について学校なりの具体的な評価の観点を設定し、評価の場や時期、方法を明らかにする必要がある。あわせて、活動過程における評価を重視する特別活動にあっては、学級担任や当該学年の教師はもとより、全教師の共通理解と連携を図って適切に評価することができるようになることが強く求められる。

第2節　特別活動の評価の特質と方法

1. 特別活動の特質の理解──多面的な評価活動

　特別活動の特質は、「望ましい集団活動を通して……」個々の児童生徒の発達を図ることにある。ここでいう「望ましい集団」については、学習指導要領には「集団の各成員が互いに人格を尊重し合い、個人を集団に埋没させることなく、それぞれの個性を認め、伸ばしていくような活動を行うとともに、民主的な手続きを通して、集団の目指すべき目標や集団規律を設定し、互いに協力し合って望ましい人間関係を築き、充実した学校生活を実現していくことのできる集団と考えられる」と記されている。つまり、集団・活動は、以下の4点に整理することができるのである。
① 集団や社会における人格の尊重
② 自主的な行動と個性を認め合う活動
③ 民主的な手続きによる集団目標の決定と集団内の規律の醸成
④ 互いに協力し合うなど望ましい人間関係づくり

　特別活動の評価に当たっては、上記4点のように「集団の発達」を踏まえることが大切である。加えて、児童生徒や学校及び地域の実態に即して、学校がその責任において創意工夫し、主体的な計画に基づいて実施する教育活動であるだけに、評価活動においてもより多面的・多角的

第8章

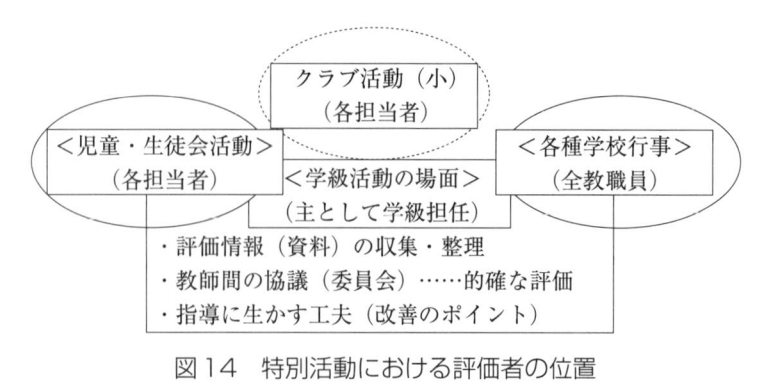

```
        ┌─────────────┐
        │ クラブ活動（小）│
        │  （各担当者） │
        └─────────────┘
┌──────────┐  ┌──────────┐  ┌──────────┐
│<児童・生徒会活動>│ │<学級活動の場面>│ │<各種学校行事>│
│ （各担当者） │  │（主として学級担任）│  │ （全教職員） │
└──────────┘  └──────────┘  └──────────┘
    ・評価情報（資料）の収集・整理
    ・教師間の協議（委員会）……的確な評価
    ・指導に生かす工夫（改善のポイント）
```

図14　特別活動における評価者の位置

な資料に基づく自主的、計画的、継続的な評価が求められるのである。

2．特別活動における評価の手順─教師間の協力体制

　特別活動の評価に当たっては、教師の協力体制の確立が不可欠である。中学校学習指導要領第1章「総則」第6-2-(7)には、「……学校や生徒の実態に応じ……教師間の協力的な指導など指導方法や指導体制を工夫改善し、……」と示されている。また、小学校学習指導要領第1章「総則」第4の2(6)にも同様の内容がある。とりわけ特別活動については、各内容項目のうち、児童会・生徒会活動及び大部分の学校行事には、教師全体の連携協力による指導体制が欠かせない。

　つまり、特別活動の評価では学級担任はもとより、関係する教師の連携・協力によって、評価に必要な資料・情報を広く収集し、それを総括的に捉えることが大事なのである。また、これらの資料を学級担任あるいは各活動担当者の教師が中心となって集約し、それらについて関係する教師の協議によって的確な評価を行うという手順が重要になる。

　このため、平素からさまざまな集団活動の場面で一人一人の児童生徒の活動の状態などをできるだけ多面的に把握し、それがより客観的になるよう評価情報の収集や保管・整理などに注意を払う必要がある。

3．特別活動における評価の対象─個と集団の発達

　特別活動は、「集団の発達」に目を向けながらも、究極的には児童生徒個々の成長や発達を評価の対象とするものである。したがって、特別活動の評価に当たっては、平素から次の3点を評価の対象として明確に

位置付け、具体的に指導と評価に当たることが肝要である。
① 指導計画、方法及び指導過程の評価
② 児童生徒の集団の発達の評価
③ 個々の児童生徒の資質や能力・態度の発達の評価

　これらのうち、①指導計画等の評価は、特別活動の全体や各内容についての年間指導計画に関する評価と、それぞれの活動の具体的な指導計画（実施計画）についての評価が含まれる。例えば、その内容としては、実施の時期や場、方法、予算などが主な対象となる。

　児童生徒の②「集団の発達」と、③「個々の児童生徒の発達」は、上記のような指導計画に基づいて展開される児童生徒の自主的、実践的な集団活動を通してもたらされるものであり、②児童生徒の「集団の発達」の主な内容としては、例えば、集団内の人間関係の向上や集団としてのまとまり、集団活動の成果などが挙げられる。また、③「個々の児童生徒の発達」の内容としては、いうまでもなく特別活動が目標とする人間像が挙げられよう。したがって、これらの3つの対象のうちで、究極的なものは③「個々の児童生徒の発達」であり、他の2つはそれを左右する基本的な条件であるといえる。具体的な評価に当たっては、まず、特別活動の各内容や活動ごとに個別になされることから始まる。次に、それらの関連性の分析を経て、特別活動全体としての評価に統合され、その評価の結果が再び各内容の活動に還元されていく。そして、その活動が、集団及び一人一人の児童生徒の指導に生かされるというように、循環的に繰り返されることに留意することが大切である。

4. 評価の観点—3つのポイント

　特別活動における評価の観点は、評価の対象ごとに設けられている。例えば、従前より「児童生徒指導要録」においては、学級活動、児童会・生徒会活動、クラブ活動（小学校のみ）及び学校行事の4つの内容ごとに、評価の観点等を設定し、個々の児童生徒がそのねらいを十分に達成しているかどうかが評価される（○印）ようになっていた。新しい学習評価（指導要録）においても基本的には同じであるが、各学校において学習指導要領の目標及び特別活動の特質等に沿って、評価の観点（3つの観点）に基づいて評価することになったのが変更点である。したがって、各学校においては各活動・学校行事ごとに評価することになるが、その際、小学校学習指導要領第1章「総則」第5の2⑽に、「児童のよい点や

進歩の状況などを積極的に評価するとともに……」とあることや、中学校学習指導要領第1章「総則」第4の2⑿に同様のことが示されていることを踏まえて評価に当たる必要がある。つまり、特別活動では単に結果を認めるだけでなく、活動の過程にかかわりながら、児童生徒の活動意欲や態度を見取るようにすることが大切なのである。

そこで、評価の観点・内容としては、例えば、「小学校・特別活動」では次のような事項（3つの観点）が考えられる。

① 関心・意欲・態度―――学級や学校の集団や自己の生活に関心をもち望ましい人間関係を築きながら、積極的に集団活動や自己の生活の充実と向上に取り組もうとする。

② 思考・判断・実践―――集団の一員としての役割を自覚し、望ましい人間関係を築きながら、集団活動や自己の生活の充実と向上について考え、判断し自己を生かして実践している。

③ 知識・理解―――集団生活の意義、よりよい生活を築くために集団として意見をまとめる話合い活動の仕方、自己の健全な生活の在り方などについて理解している。

いずれにしても、新しい学習評価においては、学校として特別活動・各活動及び学校行事の観点を設定することになる。その際、例えば、「集団の一員としての思考・判断・実践」にかかわる観点について、学校として重点化した内容を踏まえ、育てようとする資質や能力に即して、より具体的な観点を設定することが考えられるとしており、改めて各学校における特別活動の指導と評価の一体化、重点化が問われよう。

5. 評価方法

特別活動における評価に関しては、次のような評価方法が考えられる。

(1) 観察法（行動観察）

観察法は、教育の場において多く用いられる方法で、自然的観察法と実験的観察法の二つに大別されるが、特別活動においては前者がよく用いられる。これは文字どおり自然のまま、あるいは、ありのままの行動や状態を観察し、その結果を記録して活用する方法である。この方法は、ともすると観察者の主観に左右されやすい面があるので、次の点に留意して実施することが肝要である。

① 観察は継続的、累積的になされるように計画し、実施すること。

② 複数の観察者が共通の観察項目と規準に従って観察（行動観察）するように努めること。
③ 観察項目やその規準を記載した記録用紙を使用したり、録音、録画による方法を積極的に活用したりすること。

(2) **問答法（面接、質問紙）**

一般に面接（面談）と質問紙法とに大別される。

面接法は、教師が児童生徒に直接面接する方法であるが、これを効果的に行うためには、教師と児童生徒に相互信頼の関係があることが前提である。質問内容は、児童生徒の取り組みのよさの発見を基本として行うことが重要である。また、質問事項や内容及び質問の仕方については、事前に検討し、児童生徒が判断や返答に困るような質問を避け、できるだけ簡潔で具体的なものにするよう工夫する必要がある。

質問紙法は多人数の児童生徒を対象に、予め成された質問紙を用いて一斉に実施するという点に特徴がある。この方法は、自己評価にも活用できるが児童生徒が作為的に、自分の本心とは違う回答をする場合もあるので、各質問の回答の関連性を分析したり、一定期間をおいて再度施行したりすることによって、その信頼性を高めることが大事である。

(3) **作品法（作品、作文分析）**

この方法は、特別活動に関係して児童生徒が作成（制作）した作品や作文などを活用する方法である。例えば、展覧会の作品や修学旅行の記録、学級会ノート（学級活動の記録……自己評価）やワークシート、学級日誌（一日のできごと）などは、個々の児童生徒だけでなく学級集団での取り組みを捉え、理解するのに効果的である。なお、作品法による評価に当たっては、作品の出来ばえや表現のよさのみを求めることを避け、児童生徒の取り組みの軌跡を見取るようにすることが肝要である。

(4) **自己・相互評価法**

学級活動をはじめ各活動の展開における終末段階において、その時間の活動についての自己評価や反省及び児童生徒間の相互評価を児童生徒が主体的に行うように指導し、その結果を評価資料とするものである。

これは教師側の評価資料として有効であるだけでなく、児童生徒における自己指導能力の育成に直接的なつながりをもつものであり、その教育的意義は大きい。なお、児童生徒間の相互評価を行う際には、互いに

相手を非難したり攻撃したりすることがないよう配慮する。

(5) 検査・調査法

児童生徒一人一人の特徴や適性、性格などの人格特性を調べるために作成された方法で、その多くは全国規模の標準尺度をもったものである。例えば「Q／U調査」は、学級集団のまとまり具合（凝集性）と望ましい学級集団の質的向上（生産性）を捉えるのに有効である。また、自己理解に関する各種調査（エゴグラムなど）もある。

担任・教師は、特別活動の各活動や内容に応じて上記の方法を適切に組み合わせ、継続的に評価に当たることが大切である。

6. 評価に当たっての留意点

特別活動の目標や内容の特質に照らし、特に次の点に留意したい。

① 最終的な評価は、一人一人の児童生徒の発達に関することになることを踏まえ、担任・教師を中心にして多面的な評価の結果を集約するとともに、指導に生かすようにすること。
② 他者との比較でなく、児童生徒一人一人がもつよい点や可能性など、多様な側面、また進歩の状況などを見取る、いわゆる「個人内評価」について明確に押さえておくこと。
③ 評価は継続的に実施することが肝要であり、主観に陥ることを避け、教師間の協力によって客観的なものにするよう努めること。
④ 評価を行うことにより、特別活動の指導の改善に資するとともに、児童生徒の活動意欲の向上が一層図れるようにすること。
⑤ 児童生徒指導要録をはじめとする評価結果の記録や資料は、活用の便宜を考慮したうえで整備し、次の指導に活用しやすいような整理や保管の方法を工夫すること。

第3節　指導と評価の実際

1. 特別活動評価の手順

各学校にあっては、特別活動の評価に当たり次のような手順で、重要事項を明確にして取り組むことが肝要である。

Step1────特別活動の目標及び各活動の目標、内容の明確化

Step2——各活動の内容・趣旨の理解
Step3——内容のまとまりごとの評価規準の設定
Step4——評価計画に基づく評価の実際（観点、方法、内容）

(1) 特別活動の目標及び各活動の内容

> 望ましい集団活動を通して、心身の調和のとれた発達と個性の伸長を図り、集団や社会の一員としてよりよい生活や人間関係を築こうとする自主的、実践的な態度を育てるとともに、人間としての生き方についての自覚を深め、自己を生かす能力を養う。
> ※この特別活動の目標は、学級活動、生徒会活動及び学校行事の3つの内容の目標を包括する目標である。
>
> （中学校・学習指導要領）

「望ましい集団活動を通して……」とあるのは、特別活動の性格を明確に示したものであり、特質・方法原理でもある。

このことは、小学校、中学校及び高等学校に共通する事項であり、特別活動固有のものである。したがって、各活動及び学校行事の評価に当たっては、目標や内容を明確に押さえて取り組むようにする。

2. 各活動の内容・趣旨の理解と評価の観点

中学校特別活動においては、学習指導要領の内容の「学級活動」の(1)、(2)、(3)、「生徒会活動」、「学校行事」の(1)、(2)、(3)、(4)、(5)を内容のまとまりとして、各学校ごとに「関心・意欲・態度」、「思考・判断・実践」、「知識・理解」の3つの評価（従前は4つの観点）の観点を設け、それらに評価規準を作成することになる（平成22年5月文部科学省初等中等局長・通知）。

表16　各活動及び学校行事の評価のポイント（趣旨）

内　容	趣　旨
学級活動	話し合いや係の活動などを進んで行い、学級生活の向上やよりよい生活を目指し、諸問題の解決に努めるとともに、現在及び将来の生き方を幅広く考え、積極的に自己を生かしている。
生徒会活動	委員会の活動など進んで行い、全校的な視野に立って、学校生活の向上や他のためを考え、自己の役割を果たしている。
学校行事	全校や学年の一員としての自覚をもち、集団や社会における自己の役割を考え、望ましい行動をしている。

特別活動における生徒の活動については、「指導要録の改善についての通知」において、各学校ごとにその趣旨に照らして「十分に満足できる状況にあると判断させる場合には、○記を記入する」とされており、これを踏まえて評価することが大事である。

児童生徒のよさや活動の事実を見取る視点としては、例えば、個人的資質及び社会的資質の面から、次のような事項が考えられる。

〈個人的資質〉	〈社会的資質〉
①活動の目的を理解している	①相互に協力している
②自分の役割を理解している	②集団での活動を楽しむ
③積極的に活動している	③集団内に秩序と規律がある
④自主的な判断をしている	④集団に温かい雰囲気がある
⑤責任をもって活動する	⑤組織的な活動をする

3. 内容のまとまりごとの評価規準の設定

特別活動の活動内容のまとまりごとに3つの観点から評価規準を設定し、取り組むことになる。

各学校においては、指導要録の改善等についての通知などを手掛かりに、自校なりの評価規準（活動内容が、学校によってさまざまである）を作成し、評価に当たることが必要である。

(1) 学級活動(1)の評価規準（例）

①関心・意欲・態度―――学級内の組織づくりや仕事の分担処理など学級や学校の生活の充実と向上を目指し、他の生徒と協力して意欲的に取り組もうとしている。

②思考・判断・実践―――学級や学校の一員としての自己の役割を自覚し、他の生徒の意見を尊重しながら、学級や学校生活上の諸問題などの解決について考え、判断し実践している。

③知識・理解―――学級内の組織づくりや仕事の分担処理、学校における多様な集団の生活の向上などの方法を知り、学校生活の充実と向上を図る方法を理解している。

このような評価規準を学級活動(2)及び(3)についても設定し、それらを総合して「学級活動」の評価を行うようにする。

(2) 生徒会活動の評価規準例

生徒会活動については、以下のように4つの観点から評価規準を設定し、取り組むことが肝要である。

①関心・意欲・態度───学校生活の充実や改善向上をはじめ、生徒会のさまざまな活動に積極的に参加し、全校的な視野に立って、自己の役割を果たそうとしている。

②思考・判断・実践───生徒会の一員としての自覚をもち、学校生活の改善向上などを目指し、生徒会の諸活動の在り方や参加の仕方について考え、判断し実践している。

③知識・理解───生徒会活動の意義や自分の果たす役割を把握し、委員会活動などの充実向上のための具体的方策について理解している。

(3) 学校行事「儀式的行事」の評価規準例

学校行事についても同様に各項目について評価規準を設定し、学校・教師の協同体制を確立して評価に当たることが大事である。

①関心・意欲・態度───厳粛な雰囲気を尊重し互いに祝い、励まし喜びを分かち合い、新しい生活への希望や意欲をもって共に協力して活動しようとしている。

②思考・判断・実践───新しい生活の充実、発展のために使命感や責任感をもち、集団や社会の一員としての在り方について考え、判断して、実践している。

③知識・理解───行事の意義やねらいを理解し、厳粛で清新な雰囲気を保つことの大切さや、その場にふさわしい態度と行動の在り方が分かる。

各学校においては、このように各活動及び学校行事の内容項目ついて重点を定めるとともに評価規準を設定し、評価し、それらをトータルして評価に当たるようにすることが肝要である。

4. 特別活動における指導と評価の実際

ここでは、小学校及び中学校の学級活動の評価事例を見てみよう。
（東京都中央区立A小学校）

(1) 小学校第5学年「学級活動・話し合い活動」の事例

本実践は、「ナイス自己紹介」（小学校5年生）話し合い活動の計画か

ら実践をまとめたものである。事例の概要は、次のようである。

> 本実践は、自分たちの学級生活をより豊かに楽しいものに改善していくために、学級の諸問題に気付かせる議題発見のための話し合いの中か提案され、議題として取り上げられたものである。議題発見の話し合いでは、「発見シート」を活用し、学級の現状と学級目標とを比較させ、問題点を明確にしたうえで、学級生活改善のための議題案を見付けさせた。この過程で、「5の1のみんなが互いのことを知り合い、もっと仲良くなるようなナイスな自己紹介にしよう」という活動のめあてのもとに、計画、準備、実践したものである。

① 活動のねらい（目標）
ア．自ら学級生活の向上を目指して課題を見付け、課題解決に向けて協力して自発的・自治的な活動を行うことができる。
イ．一人一人のよさを伸ばすとともに、学級の一員としての自覚をもち、協力してよりよい生活を築こうとする態度を身に付ける。

② **本活動の観点別評価基準**（おおむね達成していることを示す）
ア．関心・意欲・態度———互いのことを知り、仲良くなるような「ナイス自己紹介」を目指して、進んで活動に取り組もうとしている。
イ．思考・判断・実践———学級の一員としての自覚をもち、友達と協力しながら、諸問題の解決について考え、判断し実践している。
ウ．知識・理解———話し合いの内容や役割分担、解決方法について理解している。

③ 指導と評価の実際
ア．指導と評価の方法
　個に応じた指導を行うため、一人一人の資質の把握に努めたうえで、指導目標を設定、個々の児童の変容に着目し、支援する。
・「個人的資質・社会的資質の評価一覧表」の活用
・終末段階の評価の工夫
・「振り返りカード」の活用
イ．「個人的資質・社会的資質の評価一覧表」の活用
　〈個人的資質〉———目標に向かって活動を続ける力
・学級の問題に気付き、議題として提案できる。　　　　　　　（提案力）
・学級会では、議題に対して自分の考えをもつことができる。（発想力）
〈社会的資質〉———人とかかわる力

・学級会で決まったことは、計画的に活動を進めることができる。
(組織運営力)
・よりよい学級を目指して友達と協力することができる。(社会適応力)
〈個人・社会両資質〉
・学級会では、友達の考えを受け入れて、自分の考えをよりよいものに変えることができる。　　　　　　　　　　　　　　(内的追求力)
・よりよい学級を目指して、活動の計画を立てることができる。
(計画力)
(以下略)

```
            社会的資質
    ┌──────┬──────┐
個  │ Ⅱ群 │ Ⅰ群 │  個
人  ├──────┼──────┤  人
的  │ Ⅲ群 │ Ⅳ群 │  的
資  └──────┴──────┘  資
質          社会的資質      質
```

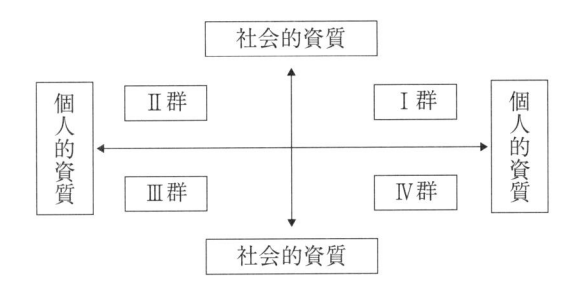

　このように評価項目を設定し、学級の実態（個々の児童）を捉え、個に応じた指導目標を設定して指導・評価に当たるようにする。
・第Ⅰ群―――個人的資質及び社会的資質ともに育っている児童
・第Ⅱ群―――社会的資質は育っているが個人的資質に課題がある児童
・第Ⅲ群―――個人的資質及び社会的資質ともに課題がある児童
・第Ⅳ群―――個人的資質は育っているが個人的資質に課題がある児童

ウ．個に応じた指導目標の設定
　個人的資質・社会的資質の評価一覧表をもとに、一人一人の児童の資質を把握したうえで、具体的な指導目標を設定することにした。例えば、Ⅱ群にいる児童には、社会的資質を認めながら、自分の意見をもてるように事前に意見を考えさせたり、意見の言い方を具体的に指導したりして、自信をもって意見がいえるように目標を設定した。このように一人一人の課題を明確にするための診断的評価を行い、個に応じた適切な指導を行っていくことが重要である。

エ．終末段階での助言の工夫
　学級活動の終末の助言では、Ⅱ、Ⅲ及びⅣの児童を中心に個々の変容に着目して評価するようにする。とりわけ、Ⅲ群の児童については、日常的に個別の指導が必要であり、平素からのかかわりがある児童もいる

が、学級の中でもあまり目立たない児童も存在する。このような児童には、意図的にかかわり、わずかな変容を教師が見取り、児童のよさを学級全体に取り上げるようにした。このことによって、賞賛された児童のみならず他の児童も刺激を受け、学級集団も大きく成長することができた。

オ．振り返りカードの活用

次の活動への意欲を高めるためには、児童の自己評価も欠かせない。そこで、教師の「個に応じた指導と評価」と併せて「振り返りカード」を活用し、毎時間の終末に、一人一人の思いや気付きを記入させるようにした。その際、特に次の点については留意したい。

・カードに記入された内容をもとに、「授業」の場面でからは把握することができなかった一人一人の内面を探るようにする。
・「振り返りカード」には、毎回、教師のコメントを添えて返却する。
・授業の中に声掛けができなかった児童に対しては、思いや気付き、行動・活動を受け止め、認める、励ますなどの言葉掛けを行う。
・「振り返りカード」に自分の気持ちをうまく表現できない児童もいるので、「○○さんは、この時、こんなふうに感じたのかな？」と教師が児童の感情を言語化するように心がけた。
・「振り返りカード」には、自己評価項目、活動を終えての気持ちや満足度、学級全体のよかったことや改善点、友達のよさを記入する。

カ．学級会活動の実施計画と評価

・本時のねらい

「ナイスな自己紹介」の計画を立てることができる。　　　　　（集団）
紹介する内容や方法について自分の考えをもつことができる。（個人）
友達の考えも大切にしながら話し合うことができる。　　　　　（個人）

・展開

議題名………互いのことを知り合い、もっと仲良くなるための「ナイスな自己紹介」の計画を立てよう。

提案理由……男女が協力して仲良くなるため、お互いのことをもっと分かり合うことをしたいから。

このような学級会・話し合い活動の後に、実際に「ナイスな自己紹介」の会を行った。その際も、児童のよさの発見を基本としつつ、特に第Ⅲ群の児童への言葉掛けを心がけるようにした。

特別活動における評価

児童の活動	指導上の留意点	◆評価の観点　◇手立て
1 開会の言葉	本学級会の前に計画委員会で決定しておくこと………日時、場所、会の名称	
2 教師の話 3 話し合い	仲良しのクラスに一歩近づくことができるよう、めあてを考えて話し合おう。	◆シートの記入ができているか。（表現・技能） ◇不安高群、Ⅲ群の児童のよさを意図的に認める声掛けを行う。
① 何を紹介するか決めよう。 話し合いのめあて		◇シートに記入された意見を参考にして自分なりによいと思うアイデアを選ぶように助言する。
② どのように紹介するか	・どのような方法で紹介したらよいか意見をだしてもらう。	◇自分の考えを発表しない児童には、シートに書かれている友達のアイデアを発表してもよいと助言する。
③ 実行委員を決めよう	・人数の制限はしない。	◆収束に向けて、意見をまとめようとしているか。（思考・実践）
④振り返り	・学級会ビーイングを活用する。	◇お互いのことを知り、仲良くなるためにふさわしい内容か考えさせる。
⑤教師の話 ⑥閉会の言葉	さまざまな意見（アイデア）がだされ、紹介の内容や方法が決まりました。来週が楽しみですね。	◇友達の意見を受けて発言している児童、学級目標やめあてを意識して発言している児童を取り上げて認める。

(2) 中学校第2学年　進路学習・学級活動(3)の事例

1　進路学習・学級活動(3)

　　中学校　第2学年「生き方学習」―人はなぜ働くのか―

2　指導目標

　①　働くことの目的や意義を知ることが、将来の自分の生き方と深いつながりがあることを理解させるとともに、望ましい職業観・勤労観を育て、生涯学習の心構えをもたせる。

　②　学習の悩みについて話し合うことで、その解決方法を理解し、意欲的に学習に取り組む態度を育てる。

　③　友達と話し合う活動を通して、自分の考えを的確に表現したり、

第8章

集団活動を進めたりするために必要な技能を身に付けさせる。

3 題材設定の理由

中学校2年生。……略

4 評価の観点

① 働くことの意義や目的を多面的に理解し、将来の進路選択に向けての意欲をもち、望ましい行動をとろうとしているか。

② 進路の開拓のために、学校生活の諸課題の解決を目指し、互いの考えを尊重しているか。

③ 話し合い活動を通して自分の考えを的確に表現したり集団活動を進めたりするために必要な技能を身に付けているか。

④ よりよい自己実現のための望ましい職業観・勤労観の基礎を養うことができたか。

5 本時の展開

(1) 目　標

① 自分の生き方を考えることにより、進路意識を高め、学校生活を目的意識をもって、意欲的に過ごすことができるようになる。

② 学校生活の諸課題の解決を目指し、互いの考えを尊重し、自分の考えを的確に表現できる。

③ 働くことの意義についての視野を広め、進路選択や職業観・勤労観形成の基礎を養う。

(2) 事前の活動

① 「職業を選ぶ基準」について話し合う。

② 「職業を選ぶ基準」を精選する。（学級活動委員会）

③ 「職業を選ぶ基準」の順位付けをワークシートに記入する。

④ グループごとに「主張」を練り、代表者がパネラーとなる。

⑤ 資料を作成し、リハーサルを行う。（学級活動委員会）

(3) 本時の展開

学習活動	評価			
	関心	実践	知識	評価の具体的事項	評価方法・支援
1 本時の活動テーマ、活動の流れについて、学級活動委員の担当係から説明を聞く。	○			・担当係は、聞き手にわかりやすく説明しようする。 ・聞き手はメモをとるなどする。	・事前に伝えておく。 ☆観察法（担任）

特別活動における評価

2 「職業を選ぶ基準」アンケート結果の発表を聞く。「将来、自分が一番に価値を置いているものについて		○	・自分が重視する基準を調べた資料を活用しわかりやすく説明できる。(発表者) ・各パネラーの主張の内容や違いが理解できる。	☆観察法（担任） ☆ワークシート発表資料
7 学習のまとめとして、感想をワークシートに記入する。		○	・働くことの意義や目的を多面的に理解し、将来の進路選択に向けての意欲を高め、望ましい行動をとろうとしている。	☆振り返りカードによる自己評価

コラム（指導要録）

　指導要録の管理については、学校教育法施行規則第15条に「学籍に関する記録は、20年間、指導に関する記録は5年間保存する」ことが示されている。この規定は、学校・教師にとって、重要な内容を意味している。児童（生徒）の指導要録は、次のような性格や機能を有している。

> ① 児童生徒の学籍並びに指導の過程及び結果の要約を記録し、その後の指導及び外部に対する証明等に役立てるための原簿となるものである。
> ② 学年末に1年間の学習の状況を総括的に評価するものである。その記録を確かなものにするために、そこに至るまでの日ごろの指導と評価に当たって重要な役割を果たすものであり、「指導と評価の一体化」を図る中心的な役割を果たす重要書類である。

　つまり、児童生徒の1年間の成長・発達の状況を総括的に評価するとともに指導の過程を明らかにすること、外部への証明を明記しているのである。今日、個人情報に対する国民の意識・関心の高まりの中で、指導要録の開示請求を求める声が出されている。各教育行政機関においては、情報公開法や個人情報保護法に基づいて、業務の適正な実施に支障を及ぼす恐れがある場合等を除き、原則開示することとされている。

第8章

　児童生徒の指導要録の本人開示については、各市町村の考えを踏まえて対応することになるが、何れの場合でも「指導と評価の一体化」を念頭に置いた取り組みが求められる。

―コラム（通知表の記入、記載）―

　通知表は、学校・教師が児童生徒の教科の成績や日常生活の記録などをまとめ、児童生徒本人及びその保護者へ通知するためのものである。この通知表には、一般に教科の成績や生活の記録などが記載されるが、法定表簿である指導要録とは異なり、その作成は各学校に任されている。また、名称については、通知票・通信票・通信簿などと呼称する学校や「のびゆく子」、「あゆみ」、「かがやき」のようなタイトルをつけていることもある。「特別活動の記録」あるいは「所見」の欄には、例えば小学校・高学年の場合にはスペースの関係もあるが、①所属する委員会（代表委員会）名、②クラブ名、③学級活動の様子、④学校行事における顕著な取り組み、などを記入することが多い。何れにしても一人一人の児童生徒のよさ、個性の伸長の視点から記述したい。

課　題

1. 特別活動の評価の観点や方法について調べてみましょう。
2. 特別活動の評価の必要性とその特質について整理しましょう。
3. 学級活動(1)の評価について事例を挙げてまとめましょう。

参考文献

『学校評価改善事例集第1編　学習評価の実践（小学校）特別活動における学習評価の改善　話合い活動』（第一法規、2007年）
『学習状況の在り方に関する手引き』（広島県教育委員会、2000年）

〔執筆者及び執筆分担〕
※北村文夫（玉川大学教職センター教授(教職担当)）——— 第1章、第4章、第8章
小島昭二（玉川大学教職センター教授(教職担当)）——— 第2章—第1節～第4節、第3章—第1節・第2節、第5章—第1節～第3節、第6章—第1節～第3節
福本みちよ（玉川大学通信教育部教育学部准教授）——— 第2章—第5節・第6節、第7章
西村哲雄（玉川大学教職大学院准教授）——————— 第3章—第3節・第4節、第5章—第4節・第5節、第6章—第4節・第5節

（※印は編著者）

教科指導法シリーズ
指導法　特別活動

2011 年 2 月 25 日　初版第 1 刷発行

編著者————北村文夫
発行者————小原芳明
発行所————玉川大学出版部
　　　　〒194-8610　東京都町田市玉川学園 6-1-1
　　　　TEL 042-739-8935　FAX 042-739-8940
　　　　http://tamagawa.hondana.jp/
　　　　振替　00180-7-26665
装幀————しまうまデザイン
印刷・製本——株式会社クイックス

乱丁・落丁本はお取り替えいたします。
© Fumio Kitamura 2011 Printed in Japan
ISBN978-4-472-40428-3 C3337 / NDC375